Franz Kamphaus

Der Stein kam ins Rollen

Franz Kamphaus

Der Stein kam ins Rollen

Worte, die zum Glauben reizen

Herausgegeben von Paul Deselaers

Herder

Freiburg · Basel · Wien

Den Priestern des Bistums Limburg
dankbar gewidmet

Alle Rechte vorbehalten – Printed in Germany
© Verlag Herder Freiburg im Breisgau 1986
Herstellung: Freiburger Graphische Betriebe 1986
ISBN 3-451-20834-2

Inhalt

Inhalt

Vorwort

Was macht der, der vom Glauben sprechen möchte? Was macht und wie macht das ein Bischof, der vielfältig herausgefordert ist, in unsere Verhältnisse hinein die Botschaft Jesu Christi weiterzugeben – an Menschen, deren Situation sehr unterschiedlich geprägt ist und sich anders als seine eigene darstellt, zu häufig wechselnden Anlässen, in oft großer Öffentlichkeit mit hohen Erwartungen, an verschiedenen Orten? Der ‚Bischof‘ ist in der Frage nicht ohne Belang. Die Ergebnisse einer breitangelegten Gottesdienstbefragung haben gezeigt, wie sehr sich Menschen an einer Autorität orientieren, wenn sie Anstöße zum Glauben suchen und aufnehmen. Sie erhoffen sich jemanden, der mit ihren Fragen vertraut ist, der weiß, „was läuft", der zugleich aber davon ermutigt ist, was Gott mit unserer Welt vorhat, was mit Jesus in Bewegung gekommen ist. Von der ‚Autorität‘ erhoffen sie neue Fragen, überraschende Entwürfe menschlichen Lebens und Glaubens – Umrisse der gottgewollten Gestalt der Welt.

Wo Glaubenssuche und Glaubensweitergabe sich treffen, entsteht ein Gespräch. Da ist es auch nötig. Der Glaube lebt davon, sich zuallererst einzuleben und einzuhören in die Fragen und Nöte, in die Hoffnungen und Möglichkeiten der Menschen. Er hat keine fertigen Antworten, auch keine fertige Sprache; er sucht nach beidem. Indem einer Erfahrungen benennt, riskiert und probiert er Antworten. Der Glaubende sucht sich keine andere Welt als die seiner Mitmenschen. So sieht er sich an allen Auseinandersetzungen und Lebens- oder auch Überlebensfragen zutiefst beteiligt und hereingenommen in die Entscheidung auf Tod und Leben.

Das vorliegende Buch versteht sich als eine prägnante Gesprächsanregung auf dem Weg des Glaubens. Es kommt aus dem Gespräch, aus dem Gespräch vor allem mit uneigennützigen Freunden. Es sucht das Gespräch mit Menschen, die sich „zum Glauben reizen" lassen (Martin Luther). Es will auf einen Weg locken, der Wachstumsphasen kennt, aber auch Stillstand und Rückschläge, Lichtzonen und Dunkelheiten, Hoffnung und Angst; der vertraut ist mit der Einzelexistenz und ihren Fragen, aber auch ihre Verflechtung in und mit Gesellschaft und Kirche klar spürt. Dieser Weg, der von Jesus eingeübt und durch ihn überraschend gangbar geworden ist, verheißt uns Befreiung zu ‚neuen Menschen' und Zukunft als ‚Kinder Gottes'.

Die Textabschnitte des Buches sind ursprünglich Predigten, die Bischof Franz Kamphaus gehalten hat. Er versteht die Predigt als Gespräch, das aus Gesprächen erwächst. Sosehr die Predigt eine Möglichkeit ist, bei den Menschen zu sein, so sehr lebt sie daraus, daß der Verkündiger auch sonst bei den Menschen ist. Gesprächspartner sind für Bischof Kamphaus zunächst die Menschen, die ihm in den Gemeinden heute begegnen, vor allem auch die Mitarbeiter in der Seelsorge; dann wache Zeitgenossen, die die Zeichen der Zeit erkunden und sich an ihn wenden; auch solche, an die er sich wendet. Gesprächspartner ist entscheidend die Bibel, die Urkunde unseres Glaubens. In allem wachen Horchen und Hören auch auf die leisen Stimmen und Geräusche des Lebens beginnt immer wieder das Gespräch mit Gott im Beten. So kommt es zum nicht bloß ausgedachten Wort. Das Wort, das auf ein weiterführendes Gespräch hinzielt, kostet etwas. Es hat und braucht viele Mitautoren. So also auch das vorliegende Buch.

Wie sehr ein Dialog beabsichtigt ist, zeigen häufig die Fragen am Beginn eines Textes. Hier springt der Autor gleichsam ins Gespräch. Aber auch die Anreden seiner Predigten, die nicht aufgenommen wurden, sind da beredt: „Liebe Mitchristen!" oder „Schwestern und Brüder im Glauben!" Das Glaubensgespräch ist eine Weise des gemeindlichen Handelns. Es soll nicht Gespräch ‚über' etwas werden, sondern Gespräch ‚von' dem, was uns als Christen angeht und bestimmt. In dem Maß, in dem sich die Wurzeln des Christseins im Gespräch neu zeigen, wird auch eine neue Lebenspraxis geradezu dringend.

Nun fehlen schriftlich vorgelegten Predigten wichtige Elemente von dem, was sie in der Ursprungssituation kennzeichnet: das freie Wort (ohne Papier; die Predigten sind erst nachher im Wortlaut schriftlich fixiert), die lebendige Stimme des Predigers, seine Gestik und Mimik, sein Engagement, die Atmosphäre des Raumes, die ‚Stimmung' der versammelten Gemeinde, das Geschehen zwischen dem Prediger und seinen Hörern: die Spannung, das aufmerksame Horchen, das Mitgehen – beiderseits. Die Predigt ist Sprech-, aber auch Sprachereignis. Genau hier liegt ein wichtiges Motiv für die Veröffentlichung der Predigten von Bischof Kamphaus.

Da nämlich ändert sich die Sprache, wo einer sich darauf einläßt, Lebenserfahrungen zu benennen. Das zeigen die folgenden Texte. Da wird heute bereitliegendes Sprachmaterial aufgenommen und mit biblischen Erzählungen in Verbindung gebracht. Dadurch entstehen aktuelle Zusammenhänge, erhalten scheinbar unvereinbare Welten plötzlich Verbindungen, werden

Trennwände durchlässig, eröffnen Anspielungen neue Horizonte, schlagen Akzentuierungen unvermutet Breschen. Der durch eine weithin übliche ‚Predigtsprache' genährte Sprachverlust mit der Folge einer Sprachenttäuschung weckt hier eine neue Spracherwartung. In den schriftlich vorliegenden Predigten ist der ganze Mensch angesprochen und ins Gespräch gezogen. Sie ermöglichen das Verweilen und das ausgiebige Gespräch. Ziel dieser Texte ist es, die Anpassungsschwierigkeiten unseres Lebensgefühls gegenüber Jesus und seinem Evangelium zu verringern.

In jedem der folgenden Texte wird das Evangelium wie ein unsichtbarer Magnetkern, der alles auf sich ausrichtet, spürbar: Gottes unbedingtes und verläßliches Ja zu uns Menschen! Das Ziel aller Wege Gottes ist Leben. Es ist in Jesus Christus, in seinem Leben und Sterben unwiderruflich da. Das liegt allem voraus, was wir sind und tun können. Dieses Ja Gottes begründet unsere Freiheit. – Solch vertrauensvoller Glaube ermöglicht es, das Leben in alle Richtungen anzuschauen und ernst zu nehmen. Er ermutigt, mit großem Freimut aufzutreten, weil wir eine solche Hoffnung haben (siehe 2 Kor 3, 12), und auch in unausgeglichenen Verhältnissen den neuen Weg zu gehen. Das Gespräch entspricht dem Weg, den der ‚Gott mit uns' in Jesus Christus mit uns geht. Wenn wir selbst mit ‚dabei' sind, lernen wir den Glauben an ihn.

Paul Deselaers

I

Gott kommt zur Welt

„Macht's wie Gott: Werdet Mensch!"
Schrifttext: Joh 1,1–18

„Das Wort ist Fleisch geworden und hat unter uns ge-
wohnt." Menschwerdung Gottes. Gott wird Mensch, der
Mensch nicht Gott. Gott wird Mensch, damit wir
Mensch bleiben, Mensch werden. „Macht's wie Gott:
Werdet Mensch!" las ich auf einem Aufkleber – etwas
reißerisch vielleicht, aber das Wort gibt zu denken.
„Macht's wie Gott: Werdet Mensch!" Ein Schüler
schrieb mir jetzt zu Weihnachten: „Sie wurden Bischof,
Gott wurde Mensch. Versuchen Sie, den Spuren Gottes
zu folgen." Ich mußte lange darüber nachdenken ...

„Macht's wie Gott: Werdet Mensch!" Was soll das
heißen: „Werdet Mensch!"? Mensch, der müssen wir
doch nicht erst werden, der sind wir ja immer schon.
Wirklich? Was ist mit all den Un-menschlichkeiten in
uns, um uns, in der ganzen Welt? Fast bekommt man
den Eindruck, daß diese Unmenschlichkeiten von Jahr
zu Jahr zunehmen. Ich brauche sie jetzt gar nicht aufzu-
zählen. Jeder von uns weiß ein Lied davon zu singen.
Was ist nur los mit der Welt? Ist sie noch zu retten?

Unser Drang nach Unabhängigkeit

„Macht's wie Gott: Werdet Mensch!" – Man kann die
Situation unserer Welt wohl kaum verstehen, wenn man

11

nicht wahrnimmt, daß in ihr, in uns ein Drang steckt, der der Bewegung Gottes zuwiderläuft. Gott wird Mensch. Der Mensch möchte im Grunde nicht nur Mensch sein, er möchte wie Gott sein. Das ist die gegenläufige Tendenz, sie sitzt uns von Adam und Eva her in den Knochen. Die Ursünde: Sein wie Gott.

Sie kann sich von Zeit zu Zeit anders tarnen. „Selbstverwirklichung", sagt man heute. Der Mensch will unabhängig sein, er nimmt sein Schicksal selbst in die Hand: Selbst ist der Mann, und selbst ist die Frau. „Wir machen das bißchen schon!" Wir schaffen das schon selbst mit der Welt. Wir nehmen das Schicksal der Geschichte selbst in die Hand. Können wir es tragen? Ob wir uns nicht gefährlich überheben?

Was ist, wenn der Mensch in vermeintlichem Drang nach Unabhängigkeit sich Gott entzieht? Ohne Halt im Absoluten, absolut ungesichert, verlangt er von sich selbst das Absolute: Er gebärdet sich wie Gott. „Gotteskomplex" hat ein bekannter Psychoanalytiker unserer Tage (H. E. Richter) das genannt: der Wahn, die Besessenheit, wie Gott zu sein. „Wir machen das schon!" Wir werden schon mit der Welt fertig – allerdings! Gotteskomplex.

Die Folgen

Der Mensch, der im letzten nicht gehalten ist, der Gott nicht mehr im Rücken hat, dem sitzt die Angst im Nakken. Die Angst treibt ihn immer höher hinaus. Er muß sich selbst legitimieren, er muß sich selbst und anderen beweisen, daß er wer ist, daß er nicht untergeht. Angstbesessen treibt er nach vorn. Eine Zeitlang haben wir dieses mörderische Unternehmen „Fortschritt" genannt. Heute sind wir damit vorsichtiger geworden. Was schreitet hier fort. Was ist da fortgeschritten? Ist die Menschlichkeit fortgeschritten oder die Unmenschlichkeit?

Der Mensch mit dem Gotteskomplex, besessen von dem Größenwahn, wie Gott zu sein, wird im wahrsten Sinne des Wortes un-menschlich. Am Anfang dieses wahnwitzigen Treibens steht der Drang zur Autonomie und Selbstverwirklichung, und am Ende steht die Selbstvernichtung. – Das hat es noch nie auf der Erde gegeben, das hat erst unsere Generation fertiggebracht: Die Menschheit ist durch Menschen vernichtbar geworden. Soweit sind wir gekommen. „Der Tag ist nicht mehr weit", sagte Teilhard de Chardin (vor nunmehr fast fünfzig Jahren!), „der Tag ist nicht mehr weit, an dem die Menschheit wählen kann zwischen Selbstmord und Anbetung." In der Tat, der Tag ist nicht mehr weit. Er ist da.

Wir können wählen

Was wählen wir? Wählen wir die Anbetung? Dazu sind wir eingeladen jetzt in diesem Gottesdienst. Aber nicht nur hier in dieser Stunde. Wir sind eingeladen, die Anbetung zur Grundhaltung unseres Lebens werden zu lassen. Wir sind eingeladen zu einem Leben, das Gott die Ehre gibt. Das ist der Weg, den un-menschlichen, selbstmörderischen Gotteskomplex zu durchbrechen und Mensch zu werden. „Macht's wie Gott: Werdet Mensch!" Mensch, der die Grenzen seines Menschseins anerkennt und Gott die Ehre gibt.

Ob es für die Menschheit einen anderen Weg gibt, dem Selbstmord zu entgehen? Der Friede, von dem dies Weihnachtsevangelium spricht, hat eine Voraussetzung: „Ehre Gott in der Höhe." Der Mensch, der sein Menschsein anerkennt und Gott die Ehre gibt, er wird dem Frieden in der Welt dienen. Das ist der Friedensdienst der

Glaubenden. Wir sind zuallererst als Glaubende gefragt, als Menschen, die vom Größenwahn des Gotteskomplexes befreit sind und ihr Mensch-Sein bejahen. „Macht's wie Gott: Werdet Mensch!"

Gott wird Mensch, um die Menschen davon abzubringen, Gott gleich werden zu wollen. Gott wird Mensch – der Mensch nicht Gott. Gott begegnet dem Menschen, der sein will wie Gott, in dem, der ganz Mensch sein will. „Und das Wort ist Fleisch geworden und hat unter uns gewohnt": Menschwerdung!

Gott: dem Ärmsten Bruder

Einer von uns ist er geworden, in der entwaffnenden Menschlichkeit eines Kindes. In unsere Welt ist er gekommen, dorthin, wo wir sind, dorthin, wo Futterkrippen stehen, dorthin, wo man hungert und friert, wo man abgewiesen wird und allein dasteht, dorthin, wo es Sünder und Sünderinnen gibt, Aussätzige und verlorene Söhne. Dorthin ist er gekommen. Er hat den Erweis seiner Göttlichkeit nicht dadurch erbringen wollen, daß er von oben herab mit majestätischem Wink alles regelt, sondern so, daß er auch dem Ärmsten noch Bruder wurde. – „Macht's wie Gott: Werdet Mensch!"

Ein Licht geht auf

Mensch, da geht dir ein Licht auf! Das Licht, von dem das Evangelium spricht, das in der Finsternis leuchtet. Ein jüdischer Weiser fragt seine Schüler: „Kann man den Augenblick bestimmen, wo die Nacht zu Ende ist und der Tag anbricht?" Der erste Schüler fragt: „Ist's, wenn man in der Ferne einen Feigenbaum von einer Palme unterscheiden kann?" – „Nein", sagt der Weise,

„das ist es nicht." – „Ist's", fragt der zweite, „wenn man ein Schaf von einer Ziege unterscheiden kann; ist das der Augenblick, wo die Dunkelheit weicht und der Tag anbricht?" – „Nein", sagt der Weise, „das ist es nicht." – „Aber wann ist denn dieser Augenblick gekommen?" – „Wenn du", sagt der Weise, „in das Gesicht eines Menschen schaust und darin den Bruder oder die Schwester entdeckst. Dann ist die Nacht zu Ende, dann bricht der Tag an."

Mensch, da geht mir ein Licht auf! Das Licht, das uns in Jesus, dem Bruder der Menschen, aufgegangen ist, damit wir in den vielen Gesichtern neben uns und über den Ozean hinweg in Lateinamerika den Bruder, die Schwester entdecken. Gebe Gott, daß uns ein Licht aufgeht. Gebe Gott, daß uns sein Licht aufgeht.

„Auf, preiset die Tage …"
Schrifttext: Lk 2, 1–14

Haben Sie das schon einmal bedacht? Es gibt keine Zeit im ganzen Jahr, in der so viel gesungen wird wie zu Weihnachten. Der Chor singt hier im Dom; aber nicht nur der Chor, wir alle singen mit; nicht nur hier im Dom, sondern auch zu Hause, überall, wo Weihnachten gefeiert wird. Die Kleinen tun ihren Mund auf und versuchen's schon mal mit dem, was sie im Kindergarten gelernt haben. Sie singen mit den Eltern und Großeltern. Die gerade den Stimmbruch hinter sich haben, stehen vielleicht etwas abseits, skeptisch, um schließlich doch zu merken, daß man nicht nur vom Protest leben kann. – Wir singen. Und das ist wohl etwas vom Besten, das wir zu Weihnachten überhaupt tun können. Das Lied steht am Ursprung von Weihnachten. „Jauchzet, frohlocket! Auf, preiset die Tage ..." So setzt der Chor in Bachs Weihnachtsoratorium ein. „Auf, preiset die Tage ..."

Ergriffen

Ich will hier nicht versuchen, Weihnachten zu erklären, plausibel zu machen. Als sei es Aufgabe der Verkündigung, Gottes Geheimnis zu enträtseln, es in die durchleuchteten, geheimnislosen Daten unserer Welt einzuebnen, von denen Nachrichten und Magazine leben, die oftmals kaum noch über platte Fakten hinaus denken können. Es ist zuerst und zuletzt unsere Aufgabe, Gottes Wunder als Wunder zu bewahren, Gottes Geheimnis gerade als Geheimnis zu empfangen, zu schützen und zu preisen: „Auf, preiset die Tage ..."

Wer hat unserer Zeit nur weisgemacht, alles sei zu begreifen und zu erklären, und schließlich: das Erklärte sei alles, alles andere zähle nicht, sei nicht ganz ernst zu nehmen. Bei allem Respekt vor dem Erklären – das kann doch nicht wahr sein! Vieles in unserem Leben ist nicht zu begreifen, ist „unbegreiflich".

Da sagt ein Mensch zum anderen: Du, ich liebe dich! Erklären Sie das. Das ist nicht zu erklären, das ist nicht zu begreifen, davon kann man sich nur ergreifen lassen, und dann ist man ergriffen. Wenn das geschieht, wird ein Fest gefeiert, und wir singen. Und das ist sicher das Beste, was wir da tun können, daß wir eigentlich gar nichts mehr tun, sondern einfach feiern und uns freuen, daß es so etwas gibt, daß es das Geheimnis der Liebe gibt.

Und wenn Gott sagt: Du Mensch, ich liebe dich. Sollen wir das erklären? Ich sage in aller Offenheit: Das kann ich nicht erklären; nicht in der elenden Verlegenheit, die vor den Skeptikern die Waffen streckt und vor den allzu Aufgeklärten in die Knie geht, sondern ich bekenne das im Wissen um die Unverfügbarkeit der Liebe Gottes. Sie allein verdient es, daß wir vor ihr in die Knie gehen. Wie in aller Welt sollen wir das erklären, daß Gott uns liebt? Das ist unbegreiflich. Davon kann man sich nur ergreifen lassen. Wo das geschieht, da feiern wir ein Fest und singen. „Auf, preiset die Tage! Rühmet, was heute der Höchste getan ..."

Der Grundakkord

Das älteste Weihnachtslied, das für alle Zeit den Grundakkord von Weihnachten angibt, stammt nicht von Menschen. Nach der Überlieferung des Lukas haben Engel das Evangelium der Heiligen Nacht gesungen. Engel? Ist das ernst zu nehmen? Es scheint nicht schwer, das Ganze lächerlich zu machen. Aber wenn man dann tatsächlich einmal die Engel singen hört ... Da können einem schon die Ohren aufgehen. Das kennen wir doch. Jeder von uns weiß, was das heißt. Und viele haben es erlebt: Situationen, in denen sie die Engel singen hörten. Situationen an der Grenze. Allerdings: das ist Weihnachten, eine Situation an der Grenze, eine Botschaft, die nicht aus uns kommt, sondern zu uns, von jenseits unser selbst. Das Lied der Engel – ein Lied, das nicht wir erdacht haben: „Heute ist euch der Heiland geboren ..." Heute – euch – der Heiland. Ein Geschenk des Himmels! In der Tat: Das Geschenk des Himmels.

Das will uns dieses ursprüngliche Weihnachtslied sagen: Ihr, die ihr alles selbst machen wollt, die ihr schließlich in eurer eigenen Leistung das Heil sucht und euch dabei heillos verrennt – das Heil könnt ihr euch nicht machen. Den Heiland könnt ihr euch nicht machen. Ihr braucht es auch nicht, er ist euch geschenkt.

„Heute ist euch der Heiland geboren." Heiland – dazu haben wir ihn nicht gemacht. Dazu hat Josef ihn nicht gemacht. Dazu hat ihn letztlich auch Maria nicht gemacht. Dazu hat ihn kein Mensch gemacht. Gott hat ihn uns geschenkt. „Empfangen durch den Heiligen Geist, geboren von der Jungfrau Maria." Er ist mehr, als Menschen aus sich heraus fertigbringen; er ist nicht etwa nur eine Gipfelleistung der Menschheit. Er ist mehr als das Produkt seiner Umwelt. Es gibt nichts auf der Welt, das ihn machen könnte. Er kommt nicht aus uns, sondern zu uns. Wir verdanken ihn Gott. Geschenk des Himmels! Diese Botschaft braucht keinen Vergleich mit den Erzählungen anderer Religionen zu scheuen. Weil sie trägt, darum feiern wir Weihnachten. Darum singen wir. Das ist der Grundakkord unserer Weihnachtslieder.

Wer gibt den Ton an?

Findet dieser Grundakkord ein Echo in unserer Lebensmelodie? Oder geben da ganz andere Mächte den Ton an? Erkennen wir, wer uns dirigiert und wohin er uns führt, in welche Richtung unsere Entwicklung geht und die unserer Gesellschaft? Man sagt, die Dinosaurier seien ausgestorben, weil sie sich in eine falsche Richtung entwickelt haben – zu viel Panzer, zu wenig Hirn. Wie dem auch sei: Befinden wir uns nicht insgesamt in der Welt in einer gefährlichen Fehlentwicklung? Ist es nicht erschreckend, daß der größte Teil menschlicher Intelligenz (des Hirns) in den Panzer investiert wird? Dabei geht es nicht nur um die Rüstung. Ist es nicht überhaupt so, daß wir einen dicken Panzer technischen Könnens und allzu aufgeklärten Wissens haben, aber wenig

Seele? Eine dicke Decke von allen möglichen Dingen, aber ein verkümmertes Herz? Kann da das Weihnachtslied noch durch? Erreicht es uns noch im Innersten, oder sind wir schalldicht abgeschirmt?

Was bewegt uns? Wer bewegt uns, wohin? Wer gibt den Ton an für die Melodie meines Lebens? Gibt es so etwas wie einen Notenschlüssel? Ist Christus dieser Notenschlüssel für meine Lebensmelodie? Oder ist da ein Kunterbunt von Noten (ohne Schlüssel), das dahinplätschert oder dahintreibt – wer weiß wohin? Ist das ein Leben? Das kann's doch nicht sein.

Es sind noch Lieder zu singen

Spüren Sie, das Weihnachtslied lullt uns nicht ein in irgendwelche Sphärenklänge, es stellt uns Fragen, letzte Fragen, Fragen an der Grenze, dort, wo man die Engel singen hört.

Auch diese Frage: Können wir hier Weihnachtslieder singen, während andere schreien, laut schreien vor Schmerz? Ist das nicht ein Hohn, da zu singen? – Die Frage steht. Keine Antwort kann sie zum Schweigen bringen. Dies sei gesagt: Der uns hier singen läßt, kennt den Schrei, von der Krippe bis zum Kreuz. Sein Lied entführt uns nicht in höhere Regionen, es hält uns dicht am Boden (wo die Hirten lagern). Es schärft unser Ohr für die Schreie der Not nebenan und in der weiten Welt.

Es erstickt nicht in diesen Schreien, es nimmt sie auf und dringt durch sie hindurch, weil ER durch die Schreie des Lebens und des Todes hindurchgegangen ist. Darum sind noch Lieder zu singen jenseits des Todes. Darum dürfen wir nicht aufhören, unser Lied zu singen. „Denn: es ist uns ein Kind geboren, uns zum Heil ein Sohn gegeben…" Der Sohn Gottes! Ehre sei Gott!

19

Aus Gott geboren

Schrifttext: Joh 1, 1–18

Womit fängt's an?

„Im Anfang war das Wort …" – was fangen wir damit an? Wir sprechen eine andere Sprache: „Im Anfang war die Tat." So steht's bei Goethe, als Inbegriff neuzeitlichen Bewußtseins. Das ist eine erregende Szene: Faust denkt nach über dieses Evangelium vom Anfang: „Auf einmal sehe ich Rat und schreibe getrost: Im Anfang war die Tat." – Unmittelbar nachdem das getrost geschrieben ist, erscheint der Teufel auf der Bühne. Das ist eine teuflische Sache, wenn die Welt (auch die fromme Welt!) ein Produkt der eigenen Tat wird, wenn der Mensch sich selbst macht (der „gemachte Mann"). „Hier sitz' ich, forme Menschen nach meinem Bilde …" (Prometheus). Dann haben wir die Bescherung – nicht die weihnachtliche. Wenn am Anfang die Tat steht, dann wissen die Menschen am Ende mit sich und der Welt nichts mehr anzufangen. Wir wissen, was das heißt, wenn man mit sich und der Welt nichts mehr anzufangen weiß. Das ist zum Verzweifeln. Von der eigenen Tat kann man nicht leben.

„Im Anfang war das Wort …"

Vielleicht können wir heute neu anfangen, dieses Evangelium zu buchstabieren: „Im Anfang war das Wort …" Hier steht das Wort am Anfang, kein Allerweltswort, sondern Gottes Wort. Damit fängt's an – mit Weihnachten und nicht nur mit Weihnachten, sondern überhaupt. Gott hat sein Wort gesprochen. Wenn Weihnachten seinem Ursprung treu bleiben soll, dann nur in dieser Gewißheit.

Man kann im Ernst nicht von Weihnachten reden,
ohne von Gott zu sprechen. Wir haben uns Weihnachten
nicht selbst ausgedacht wie Silvester oder den 1. Mai –
„Im Anfang war das Wort ..." Es kommt nicht aus uns,
sondern zu uns. Es ist nicht unsere Tat, sondern sein
Wort. Wir können und müssen es nicht machen, wir dürfen es empfangen, es uns sagen lassen.

Wir säßen jetzt nicht hier, wenn es nicht Menschen gegeben hätte, die es empfangen haben; Maria, und nicht
nur Maria. So ist es zur Welt gekommen, so kommt es
zur Welt; in unsere Welt, mit Augustus und Herodes, mit
Krippe und sterbenden Kindern. Das Wort ist Fleisch
geworden, ist eingegangen in unser Fleisch und Blut. Es
hat ein Gesicht bekommen, einen Namen: Jesus Christus.

Scheidung der Geister

Daran scheiden sich die Geister. Das Evangelium macht
sich und uns da gar nichts vor. „Er kam in sein Eigentum, aber die Seinen nahmen ihn nicht auf ..."

Aber lassen Sie uns heute nicht davon reden. Lassen
Sie uns von denen reden, die das Wort hören und aufnehmen. Lassen Sie uns mit dem Evangelium von unserer tiefsten Sehnsucht und von unserem Glauben
sprechen: „Allen aber, die ihn aufnahmen, gab er
Macht, Kinder Gottes zu werden, allen, die an seinen
Namen glauben, die nicht aus dem Blut, nicht aus dem
Willen des Fleisches, nicht aus dem Willen des Mannes,
sondern aus Gott geboren sind."

Die Alternative ist klar, das ist ein anderes Leben:
Nicht, nicht, nicht ... Dreimal dieses „nicht": – nicht aus
der eigenen Tat; – nicht aus den eigenen Trieben und
Antrieben; – nicht aus der naturwüchsigen Kraft.

Vielmehr der Mensch, der sich Gott verdankt, der weiß, daß er von Anfang an ein Empfangener ist und bleibt. Wer's als *die* Wahrheit seines Lebens erkennt und bekennt, der ist davon befreit, sich selbst „bringen" zu müssen, der ist wie neu geboren, „aus Gott geboren". Fest der Geburt!

Gottesgeburt in uns

Anfang einer neuen Geschichte, der Geschichte des Wortes Gottes in uns. Es ist nicht nur (das zunächst und vor allem!) in Betlehem zur Welt gekommen. Es möchte in uns und durch uns zur Welt kommen. So singen wir's: „Treuer Immanuel, werd auch in mir nun geboren ..." „Dich, wahren Gott, ich finde, in meinem Fleisch und Blut ..." Gottes Geburt in uns! Wir ein Geburtsort Gottes! Kann man Größeres vom Menschen sagen? Christen lassen sich von niemandem darin übertreffen, groß vom Menschen zu denken! Aus Gott geboren, aus seinem Mutterboden. Das gibt zu denken – und zu tun.

Gott wartet im Grunde unseres Herzens. Schade nur, daß wir so wenig dort zu Hause sind, uns nicht aushalten und vor uns selbst laufen gehen. „Alles Unglück der Menschen liegt darin begründet, daß sie unfähig sind, in Ruhe allein in ihrem Zimmer bleiben zu können", sagt Pascal. Und wenn wir einmal allein sind, dann stellen wir das Radio an oder den Fernseher. Wie schwer ist es, „in sich" zu gehen und „zu sich" zu kommen. Wie anders aber können wir Gott begegnen? Wie anders sollte er durch uns zur Welt kommen? Wie anders können wir anderen Herberge sein und Heimat geben?

Hören wir seinen Lockruf in uns, gerade in diesen Tagen? „Gott, du bist mir innerlicher als ich mir selber bin", sagt Augustinus. Das haben uns Erwachsenen die

Kinder wohl voraus, daß sie noch näher bei sich sind, einig mit sich und ihrem wahren Mutterboden. Ob wir nicht deswegen gerade in diesen Tagen von ihnen angerührt werden, wir, die wir mit allen Wassern eines überanstrengten Erwachsenendaseins gewaschen sind, der eigenen Tat verpflichtet, die wir nicht selten so außengelenkt sind, daß wir unser Innerstes nicht mehr wahrnehmen? Ob wir das Kind in uns noch entdecken können, empfänglich werden? Oder sind wir zu erwachsen geworden, um noch hoffen zu können?

Geburtsschmerzen

So groß das Ziel der Gottesgeburt ist, so mühsam ist der Weg – ein ,Schlauch' wie beim Embryo, das zur Welt möchte. Man darf sich die inneren und äußeren Widerstände des Wachstums nicht ersparen. Herbergssuche und Exil, Krippe und Kreuz erinnern an die Wehen und Geburtsschmerzen, unter denen Gottes Wort zur Welt kommt. Aber wenn es geschieht, wenn es uns in Fleisch und Blut übergeht, – „die aus Gott Geborenen sind die Säulen der Welt und die Pfeiler der Kirche", sagt der Mystiker Johannes Tauler. Die Welt wartet auf sie, und die Kirche nicht weniger.

Gott kommt nicht einfach nur in die irdischen Verhältnisse, er will in uns Menschen zur Welt kommen. Die ihn kommen lassen, bringen die Verhältnisse in Bewegung. Sie gewinnen ein neues Verhältnis zu den Verhältnissen.

Ein neuer Anfang

„Im Anfang war das Wort ..." Was fangen wir damit an, wir, die wir mit uns und der Welt oft nichts mehr anzufangen wissen? Lassen Sie uns anfangen mit dem Wort Gottes in uns. Wenn dieses Wort durch uns zur Welt kommt, das ist ein Fest, ein Fest wie Weihnachten. Das Fest der Geburt! Dazu können wir uns nur beglückwünschen.

Krippe und Dom

Schrifttext: Lk 2,1–14

Weihnachtsthema – Lebensthema

1. Weihnachten 1223, drei Jahre vor seinem Tod, geht Franz von Assisi mitten in der Heiligen Nacht nach draußen in den Wald. Die Leute folgen ihm in Scharen auf dem Weg in die Nacht: Jung und alt, Frauen und Männer, viele Arme, aber auch Wohlhabende – ein langer Zug mit Fackeln und Kerzen.

Ungewöhnlich genug, was draußen vor der Stadt Greccio geschieht: Mitten im Wald wird ein Stall hergerichtet und die Krippe, mit Heu und Stroh, das Kind darauf, Maria und Josef, Ochs und Esel. In der heiligen Messe singt Franz als Diakon das Evangelium und deutet vor der Krippe das Geheimnis der Heiligen Nacht.

Franziskus hat als erster die Krippe von Betlehem leibhaftig dargestellt. Ihm verdanken wir diesen Brauch, der unser Weihnachten bis heute geprägt hat.

2. Weihnachten 1223 – Zu dieser Zeit stehen hier in Limburg auf dem Felsen über der Lahn Gerüste und Bauhütten. Schon über eine Generation wird am Dom gearbeitet. 1235 ist Domweihe – wir haben das in diesem Jahr gefeiert: 750 Jahre Dom – gut 750 Jahre Krippenfrömmigkeit.

Hier der Dom – dort der Stall. Hier der Reichtum an Architektur – dort der Freund der Armut.

Bei Franziskus sammelt sich alle Sehnsucht und Leidenschaft im Kleinen, hier im Dom vereinen sich die Möglichkeiten menschlicher Kunst zu ungeahnter Größe.

3. Krippe und Dom – unterschiedliche Welten; und doch dasselbe Tasten nach Ausdruck, derselbe Versuch, Unsagbares anzusagen, dieselben Fragen, die uns heute gerade in dieser Nacht umtreiben: Wo gehöre ich hin? Wo kann ich bleiben? Wo finde ich Heimat?

Warum möchten wir in diesen Tagen – wenn's eben geht – nach Hause? Rührt uns da nicht, bewußt oder unbewußt, eine Sehnsucht an, die ganz tief in uns steckt: Wir möchten wissen, wohin wir gehören. Wir möchten daheim sein und ein Dach überm Kopf haben. Wir möchten für immer nach Hause finden. Ist das nicht unser Weihnachtsthema und unser Lebensthema?

Gott findet den Menschen

Franziskus steht in den Anfängen der bürgerlichen Gesellschaft. Er kennt das Spiel mit der Macht, um Geld und Einfluß. Er könnte es mitspielen. Er wählt einen anderen Weg: Nicht hoch hinaus, sondern ganz tief nach unten – wie Jesus, dem er nachfolgt. Er läßt sich von den Armen umarmen. Leidenschaftlich liebt er in ihnen den „heruntergekommenen" Gottessohn. Durch ihn weiß er sich ermutigt zu einem neuen Leben: arm, gewaltlos, einfühlsam, ganz dicht bei den Kleinen und Unterdrückten. Die Krippe, die er gegen Ende seines Lebens darstellt, ist alles andere als ein Zeichen sentimentaler Regression; sie ist Ausdruck eines Lebens in der Nachfolge Jesu. Er will da anfangen, wo Jesus angefangen ist. Er will da sein, wo Jesus ist, draußen vor der Tür: „... und sie legten ihn in eine Krippe, weil in der Herberge kein Platz für sie war." Franziskus will Jesus in seinem Leben Platz machen. Er will den Stall sehen, die Armut spüren.

Stall, Krippe – wissen wir noch, was das heißt? Damit ich immer neu daran erinnert werde, trage ich dieses Kreuz. Es stammt vom Bauernhof meiner Eltern, aus einem Türpfosten im Kuhstall, dicht bei der Futterkrippe.

Franziskus ist in jener Heiligen Nacht nach draußen gegangen, in den Wald. Nicht, um der Kirche den Rücken zu kehren! Er hat die Kirche geliebt. Er hat verfallene Kirchen wieder aufgebaut. Aber er will in dieser Nacht der Schöpfung ganz nahe sein, dicht bei den Pflanzen und den Tieren. Darum dürfen Ochs und Esel an der Krippe nicht fehlen. Franz ist in der Schöpfung zu Hause. Er läßt sich in Gottes Welt beheimaten: Der Himmel als Dach überm Kopf, die Erde als Boden unter den Füßen. Im Sonnengesang feiert er das Geheimnis der Krippe in der Schöpfung. Er kennt diese Wahrheit noch, die uns fehlt und deren Mangel uns krank macht.

In seiner Treue zur Erde bezeugt Franziskus, was das Weihnachtsevangelium erzählt: Gott kommt zur Welt. Er ist ganz „eingefleischt" in unserer Welt. Dieser Welt gilt die Verheißung: „Frieden auf Erden!"

Weil Gott zum Menschen gefunden hat, können Menschen zueinander finden. Ist es nicht das, was uns ein Leben lang unterwegs sein läßt?

Das Ziel im Blick

Die Krippe, draußen vor der Stadt – und hier unser Dom? Ist er nicht der Inbegriff einer etablierten Kirche, die Franziskus aufbrechen wollte und zum Aufbruch gemahnt hat?

Hüten wir uns vor falschen Alternativen. Dieser Dom lädt ebenfalls zum Aufbruch ein, anders als Franz, aber nicht weniger glaubhaft, nicht weniger kritisch gegenüber allem, was Menschenhand baut und als Behausung zu bieten hat. Er lenkt den Blick voraus auf das, was die letzten Seiten der Bibel als Gottes Verheißung verkünden: Gott selbst wird eine neue Stadt bauen und unter uns wohnen: „Haus Gottes unter den Menschen."

„Er hat unter uns gewohnt ..." – und er tut's weiterhin. Er ist nicht mehr aus der Welt zu schaffen, die er selbst geschaffen hat. Das Kind in der Krippe – „der Messias, der Herr". Er ist Ursprung und Mitte der neuen Stadt.

Es ist, als hätten die Erbauer des Domes die Gewißheit des Zieles in Stein gehauen, eine Vergewisserung auf dem Weg der Wohnungssuche. Mit der Vorstellungskraft von Verliebten machen sie auf dem Weg schon sichtbar, was am Ende sein wird: die Welt als Gottes Haus, und Platz darin für alle. Nicht zuletzt auch für die Natur, für Pflanzen und Tiere. Die Bilder und Ornamente hier im Dom sind wie ein Sonnengesang.

Der Mut des Glaubens

Krippe und Dom – Zeichen der Ankunft, der Ankunft Gottes bis zum Äußersten.

Transzendenz nach unten, in die tiefsten Tiefen. Transzendenz nach oben, auf die neue Stadt hin, hoch auf dem Felsen. Eine ungeheure Spannung.

Dazwischen liegt unser Weg, dazwischen sind wir ausgespannt; Menschen auf Herbergssuche, mitten im kalten Winter, mitten in der Nacht. Was können wir uns Besseres wünschen als den Mut des heiligen Franz und den Mut der Dombauer, den Mut des Glaubens: Schon ist uns Heimat geschenkt, in der Schöpfung und anfanghaft in der Neuschöpfung. Das ist für uns, die wir auf Herbergssuche sind, der Grund, Weihnachten zu feiern, an der Krippe in diesem Dom.

II

Auf Tod und Leben

Ostern ist der Testfall unseres Glaubens
Schrifttext: Lk 24,1–12

„Stufen" lautet der Titel eines Kurzfilms. Ein Mann, jung, elastisch, dynamisch, sportlich, steht vor einem großen Berg von Stufen, die sich emportürmen. Sie sind ineinander verkeilt, ein ganzes Stufengewirr. Der Mann macht sich auf den Weg. Er steigt die Treppen hoch, Stufe um Stufe, zunächst wie im Flug. Auf einmal sieht er, daß er sich auf einen Nebengipfel zubewegt. Er geht zurück, und dann steigt er wieder aufwärts, dem höchsten Gipfel entgegen. Aber allmählich verändert sich sein Gesicht. Er wird älter, er läßt nach. Zwei Stufen auf einmal schafft er nicht mehr. Er muß Pausen einlegen. Er setzt sich und ruht sich aus. Dann geht er mit letzter Kraft weiter, dem Gipfel entgegen. Fünf Stufen hat er noch vor sich, da bricht er zusammen. Aber noch einmal rafft er sich auf: vier Stufen, drei Stufen, noch zwei, noch eine. Dann ist er oben. Er richtet sich auf, tut einen weiten Blick – dann bricht er zusammen. Einen Augenblick liegt er da, dann verändert sich sein Aussehen. Er verliert sein Gesicht und gleicht sich den Stufen an. Der Stufenberg ist um eine Stufe höher geworden.

Das ist ein erregender Kurzfilm, in dem kein Wort gesprochen wird. Die Bilder sprechen für sich. Sie sagen alles. Sie sprechen von einer Hoffnung, daß immer mehr

Menschen diesen Stufenweg nach oben finden, daß der Gipfel höher wird, daß neue Höchstleistungen erreicht werden und daß schließlich eine Gesellschaft heranwächst, die oben auf dem Stufenplateau in Glück das Leben genießen kann.

Fragen der Hoffnung

Dieser Kurzfilm kommt aus Polen. Es steht eine bestimmte Ideologie dahinter: die Hoffnung, daß es in der Entwicklung der Menschheit immer höher hinaufgeht, Stufe um Stufe. Als Summe des Lebens bleibt dann schließlich dies noch übrig: Man hat etwas eingesetzt, man hat etwas geleistet, etwas erbracht, und das zusammengenommen ergibt immerhin eine Stufe. Man sagt: Die Kinder sollen es besser haben. Was ist das für eine Hoffnung? Es bleiben so viele Fragen: Was ist mit dem Stufenberg? Ist er nur für die da, die sportlich und leistungsstark genug sind, um hinaufzukommen und die Entwicklung der Menschheit allenfalls ein Stück weiterzubringen, eine Stufe höher? Was ist mit denen, die das nicht können, die unten bleiben – die Behinderten? Sind sie nur das Unterholz der Gesellschaft? Zählen sie nicht? Und es bleibt die Frage, was das denn für ein Glück ist, das man dort oben auf dem Stufenplateau genießen soll. Kann man das Glück genießen in dem Bewußtsein, buchstäblich auf dem Buckel der Opfer der Geschichte zu stehen? Was ist das für ein Glück, was schreitet hier fort – die Menschlichkeit etwa oder die Unmenschlichkeit? Was ist das, wenn der Mensch endlich als Summe seines Lebens, oben auf dem Berg angelangt, sein Gesicht verliert und Stufe wird, anonym im ganzen Stufenwerk? Ist das etwa alles, daß der Mensch am Ende ein Ding wird. Das kann doch nicht wahr sein!

Golgota

Schwestern und Brüder im Glauben! Wir sind hier zusammengekommen, um eine andere Hoffnung zu feiern. Das Bild, das sich uns vor Augen stellt, ist zunächst dem des Stufenberges sehr ähnlich. Wir haben am heutigen Ostertag den Karfreitag nicht vergessen, und wir haben das Bild dessen vor Augen, der am Fuße des Berges steht, mit dem Kreuz seines Lebens beladen, dem Kreuz der Geschichte, mit dem Kreuz der ganzen Welt. Er schleppt sich Stufe um Stufe den Berg hinauf, beladen mit dem Elend, der Not und der Krankheit der Welt, nicht ein sportlicher, dynamischer, jugendlicher Typ, sondern jemand, der die Härte des Lebens kennt und trägt: Jesus. Er schleppt sich hoch; das Stolpern bleibt ihm nicht erspart. Er fällt zu Boden. Er rafft sich wieder auf. Schließlich oben auf der Spitze des Berges Golgota angelangt, nimmt man ihm das Kreuz vom Nacken und nagelt ihn daran fest. „Gekreuzigt wurde er für uns ..."

Das Fest der Hoffnung

Ist das das Ende vom Lied? – Es sind noch Lieder zu singen jenseits des Todes, nicht Lieder, die den Fortschritt besingen, sondern Lieder, die Gottes Tat rühmen und preisen. Gott hat gehandelt; denn dieser Gekreuzigte ist nicht im Schoß der Erde versunken, über sein Grab ist nicht Gras gewachsen. Der Stein, mit dem man dieses Grab verschließen wollte, ist ins Rollen gekommen. Eine neue Geschichte, eine neue Bewegung kam ins Rollen. Gott hat Jesus auferweckt. Nicht nur irgend etwas von ihm lebt weiter, nicht nur seine Ideen, seine Ideale, nicht nur das, was er gesagt, getan und geleistet hat, sondern er selbst in Person. In seinem Namen ist uns die

Hoffnung gegeben, daß mit ihm auch uns Leben geschenkt ist, daß nicht nur irgend etwas von uns übrigbleibt als Summe unseres Lebens, nicht nur eine Stufe im Fortschrittsprozeß, sondern wir selbst, jeder von uns – auch der, der nicht viel geleistet hat, auch der, der am Rande stand, auch der, der die letzten Stufen nicht erklimmen konnte – jeder, auch die Opfer. Das ist der Grund, weshalb wir hier und heute Ostern feiern: das Fest unserer Hoffnung.

Genau an dieser Stelle scheiden sich die Geister. Hier muß man Farbe bekennen im Streit der Meinungen und Ideologien. Das ist die Frage: was steht am Ende, was ist die Summe des Lebens? Eine Stufe des Fortschritts, irgend *etwas* oder der *Mensch* in Person, Gottes Ebenbild, neu geschaffen im Namen des auferstandenen Jesus Christus. Vom Ziel her wird die Perspektive des Lebens klar. Wenn wir heute an allen Ecken und Enden die Anonymität, die Gesichtslosigkeit, das Aufgehen in Strukturen und in Verwaltung beklagen, was ist das? Wenn am Ende nichts anderes übrigbleibt als eine gesichtslose Stufe, muß man sich nicht wundern, wenn das seine Auswirkungen hat in der Gestaltung des Lebens.

Ostern ist der Testfall unseres Glaubens. Darum können wir nicht anders, als immer neu Ostern zu feiern. Darum ist jeder Sonntag ein kleiner Ostertag. Darum liegt der Kirche so viel daran, uns zu dieser Osterfeier jeden Sonntag einzuladen, zu diesem kleinen Fest unserer Hoffnung. Wir dürfen diese Hoffnung feiern. Wenn wir das doch immer mehr begreifen würden, daß wir der Welt heute nichts Dringlicheres zu bezeugen haben als dies. Wir haben ihr nicht ein verwässertes Christentum anzubieten. Das mag niemand, das können wir uns und der Welt ersparen. Mit „liberalem" Christentum und vermeintlicher Modernität ist nichts gewonnen. Es geht um ein entschiedeneres Bekenntnis unseres Glaubens. Das allein kann die Welt und uns retten. Wollten wir doch mehr noch aus diesem Ursprung unseres Glaubens leben, dann vertrödelten wir nicht die Zeit damit, alles und jedes in der Kirche madig zu machen und uns über Nebensächlichkeiten aufzuregen. Was bringt das schon? Laßt uns den Ursprung unseres Glaubens bezeugen, laßt uns dieses Bekenntnis aufnehmen und der Welt weitergeben mit Entschiedenheit. Laßt uns das Fest unserer Hoffnung heute und an jedem Sonntag neu feiern.

Wir wünschen uns „Frohe Ostern", wir beglückwünschen uns heute. In der Tat: das können wir von Herzen tun. Ich beglückwünsche Sie und uns alle zu dieser Hoffnung, die uns in Christus, dem Auferstandenen, geschenkt ist.

Duell zwischen Tod und Leben

Schrifttext: Apg 10,34a.37–43

Auf Leben und Tod! Das ist unsere Situation, unsere menschliche Situation. Zugespitzt, auf einen Nenner gebracht, geht es bei uns auf Leben und Tod. Es geht nicht nur so allgemein um das Leben. Es geht auch um den Tod, um unseren und der anderen Tod. Ostern steht für ein ganz bestimmtes Leben, für ein Leben, das durch den Tod hindurchgegangen ist.

Da reichen unsere gängigen biologischen Vorstellungen nicht mehr aus. Danach werden wir geboren, und über kurz oder lang müssen wir sterben: vom Leben zum Tod! Ostern zeigt in die umgekehrte Richtung: vom Tod zum Leben! Ungewöhnlich genug: vom Tod zum Leben.

Ein Leben, nicht ohne den Tod, nicht am Tod vorbei, sondern durch den Tod hindurch. Man kann nicht von Ostern sprechen und den Tod übergehen.

Den Tod wahrnehmen

Es ist nicht selbstverständlich zu leben. Einmal ist es soweit – ,wir kommen alle einmal dran...', ,gegen den Tod ist kein Kraut gewachsen...' – das weiß jeder. Nur, wie erträgt man das? Was mache ich, wenn ich mitten in meinem Leben den Tod plötzlich entdecke? Wenn ich erfahre: es geht auf Leben und Tod.

„Weil die Menschen gegen den Tod kein Heilmittel finden konnten, sind sie, um glücklich zu werden, darauf verfallen, nicht mehr daran zu denken" (Pascal). Um darüber wegzukommen, fliehen viele in die Geschäftigkeit: ,Arbeiten und nicht verzweifeln.' Oder, etwas hausbackener: ,Jeder ist seines Glückes Schmied' – und, versteht sich: ,Jeder ist sich selbst der Nächste. Drum rette sich, wer kann.'

Wenn das Ende im Ungewissen verschwindet, wird man auf Nummer Sicher gehen und sich vom Leben nehmen, was immer man kriegen kann. Dann ist jeder vollauf beschäftigt, sich sein Podest zu zimmern, die Stufen höherzukraxeln und im Gedränge um den Platz an der Sonne die Ellbogen einzusetzen. Er versucht, sich seine eigene kleine Unsterblichkeit zu bauen. Oder er sagt sich: ,Ist doch alles egal. Gut leben, möglichst lange, dann plötzlich tot umfallen, Schluß – aus – weg! Nach uns die Sintflut.' Weitergehende Fragen verbannt man in Stunden des Trübsinns: moralischer Kater, sagt man. Auch dagegen gibt es Pillen. Spüren Sie, wie der Sinn für das Leben verflacht, seinen Tiefgang verliert, wenn der Tod nicht mehr wahrgenommen wird?

Was ist demgegenüber Ostern? Nur eine Theorie über das Ende? Etwas, was sich nachher abspielt? Dann bliebe das Leben davon ganz unberührt. Es könnte auch bei uns eigentlich alles so laufen, wie es halt eben läuft: Der Besitz ist Trumpf – wie bei den anderen. Wir verteidigen ihn mit Zähnen und Klauen – wie die anderen. Wir sichern uns ab (,Was man hat, das hat man.') – wie die anderen. Wir halten uns schadlos auf Kosten anderer – wie die anderen.

Nur eben: über die anderen hinaus haben wir noch Gott in Reserve. Er ist für unsere ewige Seligkeit zuständig. Er garantiert den Besitzstand in alle Ewigkeit, ein bißchen mehr noch, als Ausgleich sozusagen für alles, was uns hier unten fehlte oder was schiefging. Darum: Halleluja!

Das kann's doch nicht sein! Wenn's nur darum ginge, daß wir eigensüchtig unser Schäfchen ins trockene bringen, ins trockene der ewigen Seligkeit – das kann's doch wahrhaftig nicht sein! Das hat doch nichts mehr mit Jesus zu tun.

Unverwechselbares Leben

Nein: es geht auf Leben und Tod. Es geht auch an Ostern um den Tod. Oft stellen wir uns dieses Fest ziemlich harmlos vor. Dann denken wir: Karfreitag ist der Tod dran, und Ostern das Leben, damit ist der Tod erledigt. Und da wir immer schon von Ostern wissen, ist der Karfreitag im Grunde nicht mehr so ganz ernst zu nehmen, eine Art Panne. Ostern ist alles wieder auf rechten Kurs gebracht. So nicht!

Der Tod ist nie einfach erledigt. Die Wunden Jesu, die Zeichen seiner Hingabe, werden für immer die Merkmale sein, an denen er identifiziert wird. Die Jünger erkennen ihn nicht an seinen Reichtümern, an seinem Besitz, sondern an den Wunden. Er ist davon gezeichnet, auch als Auferstandener. Die Wunden sind nicht einfach weg, sie sind tief eingegraben in seine Existenz. Ostern kommt sein ganzes für uns gelebtes und durchlittenes Dasein zum Ziel. Die Jünger erkennen den Herrn nicht an dem, was er hat, sondern an dem, was er gegeben hat. Nicht irgendein Leben kommt zum Ziel, sondern dieses Leben dieses Jesus von Nazaret. Unverwechselbar dadurch, daß er sein Leben nicht für sich, sondern für uns gelebt hat, daß er seinen Tod nicht für sich, sondern für uns gestorben ist. Ostern liegt in der Konsequenz dieses Lebens und Sterbens. Ihm hat Gott in der Auferstehung recht gegeben. So hat er den Weg vom Tod zum Leben eröffnet. Werden wir ihm auf diesem Weg folgen?

Neu leben

Spüren Sie: Ostern ist nicht etwa nur eine Theorie über das Ende. Sicher: die Osterbotschaft weist in die Zukunft. Aber diese Zukunft hat schon begonnen. Sie kann beginnen, mitten in unserem Leben. Wer tatsächlich auf diesen Jesus setzt und auf seinen Weg vom Tod zum Leben, für den ändert sich etwas, nicht erst später (im Jenseits), sondern schon jetzt. Er wird sich zum Beispiel nicht mehr vom Besitz fesseln lassen. Er wird nicht mehr nach der Devise leben: ,Jeder ist sich selbst der Nächste. Was man hat, das hat man. Sicher ist sicher.'

Er wird anfangen, zu teilen, von seinem Leben mitzuteilen. Das kann weh tun. Da stirbt wohl auch etwas in uns. Aber nur wer so zu sterben versteht, wird lernen zu leben und zu lieben. Wer solche Freiheit ahnt, den schmerzen die Ketten, nicht nur am eigenen Leib, sondern auch die der anderen. Er wird nicht schweigen, wenn er Unrecht sieht und Unmenschlichkeit. Er wird dagegen aufstehen, im Namen dessen, der auferstand vom Tod zum Leben. Wo der Tod seine Herrschaft verliert, da beginnt die Freiheit zu lieben.

Ein Marabu, der zeitlebens über das Sterben nachgedacht hatte, sah sich eines Morgens unvermutet dem Tod gegenüber. Erschrocken sprang er vom Kaffeetisch auf und flatterte hinkend davon. Mühelos hielt der Tod mit ihm Schritt. „Um Gottes willen", krächzte der Marabu, „wo gehen wir denn hin?" – „Herrje!" rief der Tod, „und ich dachte, du weißt den Weg."

Wissen wir den Weg? Jesus ist der Weg. Ein Weg vom Tod zum Leben.

Ein Stein kam ins Rollen...

Schrifttext: Mk 16, 1–8
Ostersequenz

Haben wir noch etwas zu lachen? Ich weiß nicht, wie Ihnen zumute ist. Vielleicht denken Sie: Ostern – Sonne – strahlender Gesang – da lacht das Herz. Aber es sind wohl auch andere unter uns, die sagen: ‚Mir ist im Laufe des Lebens das Lachen vergangen. Und wenn ich an die Zukunft unserer Gesellschaft denke und an die Zukunft der Kirche, da kann einem das Lachen vergehen.' – Haben wir noch etwas zu lachen?

Der Tod als Großmacht

Franz Kafka erzählt diese kleine Fabel: „Ach", sagte die Maus, „die Welt wird enger mit jedem Tag. Zuerst war sie so breit, daß ich Angst hatte; ich lief weiter und war glücklich, daß ich endlich rechts und links in der Ferne Mauern sah, aber diese langen Mauern eilen so schnell aufeinander zu, daß ich schon im letzten Zimmer bin, und dort im Winkel steht die Falle, in die ich laufe." – „Du mußt nur die Laufrichtung ändern", sagte die Katze und fraß sie.

Ist das nicht ein Bild unseres Lebens? Erst liegt es vor uns wie unbegrenzt, voller Möglichkeiten. Aber dann werden mit den Jahren die Mauern sichtbar; sie treiben uns schließlich in die Enge. Von den ersten Minuten unseres Lebens an beginnen die entscheidenden Zellen des Körpers zu altern. Keine Macht der Welt kann diesen Prozeß umkehren. Wir können nichts und niemanden auf ewig festhalten, auch uns selber nicht. Am Ende der Mauern steht die Todesfalle. Und hinter uns schleicht die Katze, die uns packt, wenn wir dieser Falle entkommen wollen.

Zudem: Wir können heute besser als frühere Generationen sehen, wie die ganze Erde der Falle zutreibt und wie die Katze ihr auf den Fersen sitzt. Die Welt ist wie von Mauern eingefangen, scheint sich wie in einem spitzen Winkel festzurennen. Da kann einem das Lachen schon vergehen.

‚Wer wälzt uns den Stein weg?' fragen die Frauen auf dem Weg zum Grab. „Er war sehr groß", unüberwindlich wie die hohen Mauern, die uns in die Enge treiben. Wer wälzt uns den Stein weg? (vgl. Mk 16,3 f).

Tod, wo ist dein Sieg?

Der Stein kam ins Rollen. Die Mauern stürzten ein. Die Todesfalle wurde aufgebrochen – durch Jesus Christus.

Das geschah nicht von ungefähr. Er ergriff von Anfang an Partei für das Leben. Wo Menschen dem Tode nahe oder verfallen waren und all ihre Hoffnung begraben hatten, da schuf er Leben. Er spürte die Mächte des Todes auf, mitten im Leben – und geriet deshalb in Konflikt mit ihnen.

Davon spricht das ganze Evangelium, das besingt die Ostersequenz: „Mors et vita duello conflixere mirando..." Man kann das in seiner Schärfe und Prägnanz kaum übersetzen. Ein Duell, auf Leben und Tod! Jesus ist im Kampf mit diesem letzten Feind aufs Letzte gegangen. Daß wir diesen ‚letzten Streit' nur ja nicht verharmlosen! Es ist nicht Sache der Christen, sich mit Ostern das Leben bequemer zu machen, sich schadlos zu halten. Wer das tun möchte, hat von Ostern nichts begriffen. Kein friedlicher Übergang, kein: ‚Irgendwie wird es schon weitergehen...' Kein: ‚Auf Regen folgt Sonne...' Der Tod ist eine Großmacht, die nicht nur die letzten Minuten des Lebens beherrschen will. Man darf ihn nicht unterschätzen. Er fordert seine Opfer. Jesus hat ihm den Nacken geboten. Der Tod ist ihm nicht erspart geblieben – sein furchtbarer Tod! „Dux vitae mortuus." Unbegreiflich: Der Anführer des Lebens – tot!

Wir ahnen wohl, was das heißt, wenn Menschen, die anderen das Leben eröffnen, ermordet werden. Und hier: Der von sich gesagt hat: „Ich bin das Leben" – tot! Das muß doch das Ende sein, das absolute Ende.

Wenn Gott nicht wäre! In Jesu Sterben hat Gott sich mit dem Tod angelegt. Er hat ihm nicht nur den Nacken geboten, sondern auch die Stirn. So hat er den Tod in die Krise gebracht, er hat den Tod getötet. Der Stein kam ins Rollen. „Dux vitae mortuus – regnat vivus." Der Anführer des Lebens: tot – und er lebt! Das läßt Paulus in den Jubel ausbrechen: „Verschlungen ist der Tod vom Sieg. Tod, wo ist dein Sieg? Tod, wo ist dein Stachel?" (1 Kor 15, 54 f).

Da ändert sich das Bild der Parabel von Kafka: Da treibt nicht mehr ein Mensch oder die ganze Welt der Falle zu und wird von der Katze verschlungen, der Tod ist in die Ecke getrieben. Der Tod sitzt in der Todesfalle. „Der Tod ist verschlungen vom Sieg."

Der Anführer des neuen Lebens

Jesus ist der Anführer eines neuen Lebens. Wie ist das zu verstehen? Auferweckung ist keine Verlängerung des Lebens, kein „Weiterleben". Es werden nicht einfach nur die Pferde gewechselt, und dann geht's weiter im alten Trott. Auferweckung ist auch nicht „das ewige Stirb und Werde". Eben dieser Kreislauf wird durchbrochen.

Das ist für Menschen undenkbar. „Wer wälzt uns den Stein weg?" fragen die Frauen. Er ist weggewälzt, nicht von Menschenhand. Das geht über das Menschenmögliche hinaus. Das spottet jeder Erfahrung. Von den Frauen wird gesagt: „Da verließen sie das Grab und flohen; denn Schrecken und Entsetzen hatte sie gepackt (Mk 16,8). Das ist alles andere als eine vorübergehende Festtagsstimmung. Das Halleluja kommt ihnen nicht so selbstverständlich über die Lippen wie uns, die wir daran gewöhnt sind, Ostern zu feiern, wenn es der Kalender vorsieht. Wo Gott so unmittelbar am Werk ist, da verschlägt es den Menschen die Sprache. Sie sind entsetzt. Ostern ist gezeichnet vom Erschrecken darüber, daß mit der Auferweckung die Skala menschlicher Erwartungen gänzlich auf den Kopf gestellt ist.

Jesus ist der Anführer eines neuen Lebens. Er kennt den Tod – weiß Gott! Er hat ihn nicht überspielt, sondern überwunden. Er ist nicht am Tod vorbeigegangen, sondern durch ihn hindurch und aus ihm heraus. Das kann man ihm ansehen. Der Auferstandene trägt die

Wunden. Daran erkennen ihn die Jünger. Durch den Tod hindurch hat er das neue Leben erschlossen, das bleibende Leben, das „ewige Leben".

Diesem Anführer des Lebens dürfen wir folgen. Wir müssen nicht mehr Komplizen des Todes sein, wir dürfen Komplizen (Verbündete) des Auferstandenen sein. Sind wir es? Das hätte Konsequenzen. Dann werden wir uns nicht mit den Mächten des Todes einlassen oder abfinden. Dann werden wir entlarven, was Menschen ums Leben bringt. Dann werden wir uns allem widersetzen, was Leben und Schöpfung kaputtmacht.

Grund zum Lachen

Haben wir noch etwas zu lachen? Viele sagen: ‚Schau doch zu, wie der Karren läuft. Da kann dir das Lachen schon vergehen… Und erst recht: Wer heute glaubt, der hat nichts zu lachen…' Manches mag dafür sprechen. Eins spricht allemal dagegen: Ostern! Wir haben allen Grund zu lachen. Darum gibt es eine lange Predigttradition, zu Ostern die Gemeinde zum Lachen zu bringen. Etwas davon ist hier zu spüren. Lassen Sie uns das Leben wagen als Komplizen des Auferstandenen, mit der Leidenschaft für das Mögliche und mit der Gelassenheit und dem Lachen derer, die dem Anführer des Lebens folgen dürfen.

Das Fest der Befreiung

Schrifttext: Ex 14,15–15,1

„Die Lesung vom Durchzug durch das Rote Meer darf zu Ostern nie ausfallen" – so steht es in den Richtlinien für die Osternacht. Warum ist diese alte Geschichte so wichtig, wenn wir heute Ostern feiern?

Die Erzählung verbindet uns mit Israel, dem Volk Jesu. Die Befreiung aus der Knechtschaft Ägyptens ist eines der Urdaten des alttestamentlichen Gottesvolkes. Bis zum heutigen Tag fragt der Jüngste im Kreis beim jüdischen Pesach-Mahl, warum zu Beginn bittere Kräuter gegessen werden. „Eben weil es unseren Vätern in Ägypten bitter und dreckig ging", lautet die Antwort. Und dann wird die Geschichte vom gefährlichen Aufbruch erzählt, von der wunderbaren Befreiung und vom langen Marsch durch die Wüste ins Gelobte Land, mit Mose an der Spitze. Nie sollen die Juden vergessen, woher sie kommen und was sie im Rücken haben. Seit Jahrtausenden lebt Israel aus dieser Befreiungsgeschichte: Vom Ägypten der Pharaonen bis zum Deutschland Hitlers und zum Rußland Stalins, vom Durchzug durch das Rote Meer bis zur Erlösung aus den KZs. Es hat seine Befreiung aus Ägypten nie anders verstanden denn als Tat Gottes, als Wunder. Der Jubel darüber ist groß. Die großmächtigen Ägypter sind jämmerlich untergegangen, ihre ganze Rüstung ist ins Wasser gefallen. „Ich singe dem Herrn ein Lied, denn er ist hoch und erhaben, Rosse und Wagen warf er ins Meer…"

Die befreite Befreiung

Können wir einfach in dieses alte Befreiungslied einstimmen: „Rosse und Wagen warf er ins Meer…"?

Wenn's nur die Rosse und Wagen wären, das ganze Kriegsmaterial der ägyptischen Hochrüstung – wer würde sich darüber nicht freuen! Aber auch die Reiter, die Soldaten sind umgekommen. Können wir darüber in Triumph ausbrechen?

Israels Befreiung aus der Knechtschaft Ägyptens sammelt sich für uns in der Geschichte des einen Israeliten Jesus von Nazaret, der Gottes Sohn ist. Er hat die alte Befreiungsgeschichte eingelöst. Er hat sie nicht einfach nur fortgeschrieben, er hat sie erlöst. Auf seine Weise! Auch er geriet in das Land der Fremdherrschaft (wie nach Ägypten). Auch er wurde ein Opfer von Gewalt und Unterdrückung. Auch ihm stand das Wasser bis zum Halse. Aber er ist weder den Soldaten der mörderischen Mächte wunderbar entkommen, noch erst recht hat Gott vom hohen Thron herab mit Blitz und Donner und mit himmlischen Heerscharen eingegriffen. In seiner Befreiungsgeschichte ertrank niemand in dunklen Wasserfluten; die Wogen schlugen über ihm zusammen. Keiner kam zu Tode, nur er selbst! Keiner starb seinetwegen, er starb für die anderen: „für euch und alle". Das ist die Wende vom Tod zum Leben.

Jesus ist nicht am Tod vorbeigekommen, sondern durch den Tod hindurch. Gott hat ihn nicht *vor* dem Scheitern, *vor* dem Tod bewahrt, sondern durch den Tod hindurch gerettet. Durch ihn sind die Mächte des Todes, ist der Tod selbst bezwungen. Das ist Erlösung: Befreiung von der Herrschaft des Todes in der Auferstehung. Wunder aller Wunder! Das Osterfest lebt von der Freude, daß Jesus als erster auf dem langen Weg der Passion das wahrhaft gelobte Land unvergänglichen Lebens betreten hat. Er hat uns befreit, er hat uns freigemacht aufzubrechen.

Der Weg in die neue Freiheit

Der Weg in die Freiheit ist lang: für die Israeliten damals (durch Wasser und Wüsten), für Jesus (durch die Passion), für uns (die wir nur allzugern sitzen bleiben). Befreiung ist nicht im Handumdrehen zu haben, man muß sie sich etwas kosten lassen. Sie fordert uns, auf Leben und Tod. Das beginnt mit der Taufe, die uns dank Christus im Zeichen des Wassers den Wassern des Todes entreißt. Von dorther kommen wir, von dorther sind wir gewappnet gegen die Todesmächte im Leben und im Sterben. Ägypten ist überall, wo Menschen unter innerer und äußerer Fremdherrschaft leiden, wo sie verelenden oder ausgebeutet werden. Wir sind gerufen, aus solchen Gefangenschaften aufzubrechen und anderen den Aufbruch mit zu ermöglichen.

Man kann nicht sagen: ‚Unrecht und Unterdrückung – das hat im Grunde nichts mit dem Glauben zu tun.‘ Das kann man im Ernst nicht sagen, wenn man die alte Befreiungsgeschichte des Auszugs aus Ägypten hört. Man kann nicht sagen: ‚Den Christen geht es im Grunde um ganz anderes, rein Inneres, nicht um Knechtschaft oder Freiheit.‘ Das kann man nicht sagen, wenn man an Jesus glaubt. Man kann nicht sagen: ‚Die Pharaonen berühren den Glauben gar nicht, laß sie doch gewähren. Es ist gar nicht so wichtig, was sich auf den Philippinen abgespielt hat oder was in Südafrika ist oder im Ostblock.‘ Das kann und darf man nicht sagen! Die Befreiungsgeschichten der Bibel verbieten uns das. Darauf weist die Theologie der Befreiung mit Recht hin.

Deshalb darf die Erzählung vom Durchzug durchs Rote Meer zu Ostern nie ausfallen, deshalb muß diese Befreiungsgeschichte immer wieder gelesen werden. Sie ist uns allen ins Stammbuch geschrieben, im Namen

Jesu Christi und in der Auslegung seines Lebens. Wir, die wir Ostern feiern, das Fest der Befreiung: wo stehen wir in dieser Geschichte? Sind wir in der Ersten Welt schließlich irgendwo auf der Pharaonenseite? Christen aus der Dritten Welt fragen uns, ob wir nicht an ihrer Unterdrückung mitwirken durch die Art, wie wir leben, durch unser stumpfes Herz. Sind wir auf der Pharaonenseite? Oder gehören wir zu denen, die den Aufbruch wagen und den langen Weg antreten – all den Wassermassen und Widerständen zum Trotz, allen Pharaonen um uns und in uns samt ihren Milizen mutig ins Angesicht?

Man kann Ostern nicht so oder so feiern. Der Weg in die Freiheit ist vorgegeben, durch Jesus Christus. Er ermutigt uns, die Freiheit zu wagen, die in unserer Gesellschaft weitgehend in Vergessenheit gerät oder verdrängt oder verraten wird:

– Die Freiheit, die Fesseln des einfallslosen Eigennutzes, des ‚Jeder ist sich selbst der Nächste' zu durchbrechen und anderen zum Nächsten zu werden bis in die fernsten Länder;

– die Freiheit, nicht das Recht des Stärkeren auszunutzen, sondern den Schwächeren zum Recht verhelfen;

– die Freiheit, sich einzuschränken, um anderen zu dienen;

– die Freiheit, sein Leben einzusetzen für die Befreiung anderer.

Unsere Freiheit wächst, indem wir zur Befreiung anderer beitragen. Laßt uns so Ostern feiern, das Fest der Befreiung!

III

Der Geist spendet Leben

Ein Geschenk des Himmels

Schrifttext: Gen 11,1–9; Apg 2,1–11

Das kann passieren: Menschen wollen den Himmel stürmen und fallen schließlich aus allen Wolken. Sie starten zum Höhenflug und zerschellen am Boden.

Turmbau: Immer höher hinaus!

Diese Erfahrung ist so alt wie die Menschheit. Auf den ersten Seiten der Bibel steht eine erregende Geschichte (eine Art Gegenstück zu Pfingsten), die Erzählung vom Turmbau zu Babel. Die Menschen tun sich zusammen zu einem Riesenunternehmen: Sie wollen einen Turm bauen, immer größer, immer höher hinaus, koste es, was es wolle.

Was sie zu diesem Turmbau treibt? Das sprechen sie offen aus: „Auf, bauen wir uns eine Stadt und einen Turm mit einer Spitze bis zum Himmel, und machen wir uns damit einen Namen, dann werden wir uns nicht über die ganze Erde zerstreuen" (Gen 11,4). – Einen Namen wollen sie sich machen, sich verewigen in Stein. Diesem Ziel muß alles dienen. Die ganze Welt wird Material zur eigenen Selbstdarstellung. Und schließlich lassen sie sich aus in ihrer Lieblingsbeschäftigung: sie fahren Karussell um das Denkmal, das sie sich selbst errichtet haben. Sie drehen sich um sich selbst im Kreis und denken, so könnten sie der Zerstreuung und dem Verfall entgehen.

Raubbau am Leben

Die Leute von Babylon wollen sich einen Namen machen. Sie wollen sich selbst produzieren. – Wir sagen das häufig: der produziert sich selbst. Das ist eine unheimliche Sache: sich selbst schaffen, sich selbst machen zu wollen, selbstmächtig, eigenmächtig. Eine Gesellschaft, Menschen, die sich selbst machen wollen, eine Gesellschaft der Macher! Was dabei herauskommt, ist Macht. Weil die Macher Angst haben, unterzugehen und niemand zu sein, müssen sie alles dransetzen, um durch immer größere Leistungen doch noch jemand zu werden. Sie versuchen, den Zweifel an sich selbst durch eigene Leistung auszugleichen. Dabei geraten sie in fürchterliche Zugzwänge. Absolut ungesichert, verlangen sie in ihrer Angst unterzugehen, von sich selbst das Absolute: sie stellen sich auf, nach innen und außen. Der Wille zur Macht treibt sie immer höher hinaus.

Sie müssen immer höhere Türme bauen, um sich selbst zu beweisen, daß sie wer sind. Schließlich platzt das Unternehmen. Die nach den Sternen greifen und sich wie Herrgötter gebärden, fallen auf einmal aus allen Wolken. Was dem eigenmächtigen Turmbau bis in den Himmel zu Ehren des eigenen Namens dienen soll, steht unter dem Fluch der „babylonischen Verwirrung". Ein trauriger Name, den sich die „Macher" für alle Zeiten geschaffen haben. Der Name steht für eine Realität: Man versteht sich nicht mehr, redet aneinander vorbei, hat sich nichts mehr zu sagen. Schlag-Wörter werden wie Schlag-Waffen gebraucht. Man schlägt damit aufeinander ein. Und schließlich läßt man nicht mehr nur die Wörter, sondern die Waffen sprechen. Statt Türme baut man immer größere Raketen. Man braucht atomare Gewalt, um den einen Menschen vor dem anderen zu schützen.

Am Anfang steht die eigenmächtige Selbstdarstellung, und am Ende steht die Selbstvernichtung. Der Versuch, sich selbst zu machen, verkennt die eigene Realität, ist Raubbau am Leben und endet im Tod.

Der neue Weg

Muß das so weitergehen? Gibt es keine Alternative? Keinen Weg, der herausführt aus der Geschichte Babylons, aus der Geschichte der Selbstzerstörung der Menschheit?

Pfingsten ist der Anfang eines neuen Weges, heraus aus Babylon. Verschlossene Fenster und Türen werden aufgestoßen. Menschen finden sich zusammen, die nicht von der Erde weg nach den Sternen greifen und sich wie Herrgötter gebärden, sondern mit beiden Beinen auf dem Boden stehen und empfangen, was nicht zu machen ist: das „Geschenk des Himmels", Gottes heiligen Geist.

Da gerät etwas in Bewegung, man kann es erfahren. Die Begeisterten beginnen zu reden, und – wie ein Wunder – sie verstehen sich untereinander und werden verstanden. Sie finden sich nicht ab mit dem, was ist, mit dem Ist-Stand der Welt. Sie sagen nicht: „Die Welt ist nicht mehr zu retten, drum rette sich, wer kann..." Sie sagen: „Es gibt ganz ungeahnte Möglichkeiten, die Möglichkeiten Gottes mit uns." Sie fangen Feuer und brennen darauf, diese Möglichkeiten zu verwirklichen: Worauf Gott seine Hoffnung setzt, das wagen wir... Menschen mit einer Leidenschaft für das Mögliche!

Menschen, deren Erwartungen nicht mit den selbstgemachten Türmen stehen und fallen, die mehr erwarten
als sich selbst, die tatsächlich Gott erwarten.

Gottes Initiative

Zwischen Babylon und Pfingsten. Jeder von uns hat
seine Erfahrung mit diesem Weg. Wohin gehen wir, in
welche Richtung? – Gott hat die Initiative ergriffen,
Pfingsten ist seine Initiative, eine Art Bürgerinitiative,
die er ins Leben gerufen hat. Gerufen sind Bürger einer
neuen Welt, die Babylon den Rücken kehren und im
Vertrauen auf die Kraft des Geistes Gottes das Mögliche
tun.

Der Heilige Geist als Lebensspender

Schrifttext: Joh 20, 19–23

Gottes Geist macht lebendig

Wenn der Chor gleich das Credo singt, dann bekennen
wir darin unseren Glauben an den Heiligen Geist, „der
Herr ist und lebendig macht" (Dominum et vivifican-
tem, den Herrn und Lebensspender). Das ist das Charakteristikum des Heiligen Geistes: er spendet Leben, er
macht lebendig. Wir erinnern uns wohl noch an die ersten Seiten der Bibel, an die Erzählungen von der Er-
schaffung der Welt: „Und Gottes Geist schwebte
(brütete) über dem Wasser" (Gen 1, 2). „Da formte Gott,
der Herr, den Menschen aus Erde vom Ackerboden und
blies in seine Nase den Lebensatem. So wurde der
Mensch zu einem lebendigen Wesen" (2, 7). Gottes
Geist, der Atem des Lebens.

„Atmet Gott?" fragte mich ein achtjähriges Mädchen. Ich war verdutzt. Was sollte ich sagen? Gott ist ganz anders, da kann man nicht von atmen reden... – Ich besann mich eines Besseren: Natürlich, Gott atmet! Das ist der Grund, weshalb wir atmen können, und aufatmen dürfen. „Nimmst du ihnen den Atem, so schwinden sie hin und kehren zurück zum Staub der Erde. Sendest du deinen Geist aus, so werden sie alle erschaffen, und du erneuerst das Antlitz der Erde" (Ps 104, 29 f). Der Geist Gottes ist es, der lebendig macht.

Wir sind empfangen und Empfangende

1. Woher kommt das Leben? Das ist eine Grundfrage des Menschen. Eigenartig: unser Dasein beginnt mit dem Empfangen, nicht mit dem Tun. Das Leben ist uns vorgegeben, als Gabe. Es ist nicht in unsere Entscheidung gestellt. Wir sind nicht Schöpfer unserer selbst, so gern wir es oft auch sein möchten. Wir haben uns nicht selbst gemacht, wir sind empfangen (die Mutter empfängt das Kind – das Leben). Das Wunder der Geburt des Menschen. Man kann versuchen, dieses Geschehen wissenschaftlich zu begreifen. Und doch erfaßt man damit nur die Außenseite. Die Sache selbst ist unbegreiflich, dieses Wechselspiel von Liebe und Leben, von Leben und Liebe.

Das Leben ist nicht aus sich, nicht aus uns, es kommt zu uns, als Gabe, als Geschenk. Man kann es nicht machen, wir dürfen es empfangen.

2. Ich denke, das kann man erfahren, erleben. Erinnern Sie sich einmal an Zeiten, die für Sie ganz wichtig gewesen sind, von denen Sie sagen: Da habe ich wirklich gelebt, nicht irgendwie so dahingelebt, sondern gelebt. Das Zusammenspiel von Liebe und Leben. – Es

sind nicht immer große Ereignisse: ein gutes Wort, ein Blick, ein Händedruck, ein gelungener Abend, das Licht des neuen Tages, der Sonnenaufgang – kostbare Erfahrungen. Erfahrungen, bei denen uns aufgeht: Das habe ich nicht gemacht; das ist im Grunde gar nicht zu machen. Ein Geschenk des Himmels!

Oder Sie waren in Sorge um Ihr Leben: ein dummes Geschwür, das Sie ängstigte. Und nun sagt der Arzt: Alles in Ordnung, harmlos. Da ist man wie neugeboren. Da empfängt man das Leben neu.

Der Einfall des Künstlers, des Forschers. Der ist nicht zu machen. Das ist wie ein Geschenk.

Das Leben ist unverfügbar. Wie es sich uns gewährt, so entzieht es sich: im Schmerz, im Abschiednehmen, in der Trennung, im Tod. Man kann es nicht festhalten. Man kann nicht darüber verfügen, es ist unverfügbar.

Oft sagen wir: ‚Das Leben ist hart. Du mußt dir dein Leben teuer erkaufen. Es wird dir nichts geschenkt.‘ – Stimmt das? Was können wir schon erkaufen? Sicher, das Leben ist auch unsere Tat, es ist Werk, Lebenswerk. Es ist Arbeit, Tat, Planung. Aber das ist nicht alles. Es ist wohl nicht einmal das Wichtigste. Den Kern des Lebens erreichen wir damit nicht. Wir erreichen damit die Lebensumstände, die Lebensverhältnisse, die Lebensmittel. Das Leben selbst ist mehr Gabe als Werk, mehr Geschenk als Tat. Es ist weit mehr zu empfangen als zu machen. Das meinen wir, wenn wir uns dazu bekennen, daß Gottes Geist es ist, der lebendig macht.

Wo sich die Geister scheiden ...

An diesem Punkt, an dem es um den Ursprung des Lebens geht, da scheiden sich heute die Geister. Hier zeigt sich, wes Geistes Kind wir sind.

Es gibt eine grundsätzlich andere Einstellung zum Leben, eine grundsätzlich andere Lebenseinstellung. Da heißt es: Leben – das ist unsere Sache. Das machen wir, darüber verfügen wir. Wir sind die Herren des Lebens. Der Mensch produziert sich selbst.

Wir sagen das häufig: Der produziert sich selbst. Das ist eine unheimliche Sache, sich selbst schaffen, sich selbst machen zu wollen, selbstmächtig, eigenmächtig. Eine Gesellschaft, Menschen, die sich selbst machen wollen, eine Gesellschaft der Macher! Was dabei herauskommt, ist Mache.

Das Leben machen: das kann bei der Manipulation im Reagenzglas beginnen.

Und es geht dann weiter, wenn man sagt: Leben hin, Leben her. Mein Bauch gehört mir! Das ist meine Sache.

Wie am Anfang, so am Ende. Dann kann man auch schließlich anderen und sich selbst das Leben nehmen. Dann kann man Zyankali verabreichen. Warum eigentlich nicht?

Dann kann ich schließlich auch mit der Schöpfung machen, was ich will. Ich kann sie ausplündern. Sie wird Material zur eigenen Lebenssteigerung. Und was hindert mich, daß ich der ausgeplünderten Erde am Ende schließlich auch Zyankali verabreiche? Die Mittel dazu haben wir. Die liegen in unseren Raketendepots.

Spüren Sie, daß das eine grundsätzlich andere Lebenseinstellung ist. Da scheiden sich die Geister. Der Heilige Geist als Lebensspender: das heißt, das Leben steht nicht zu unserer Disposition. Wir können nicht einfach darüber befinden. Nicht wir sind Herren über Leben und Tod, Gottes Geist ist es, der lebendig macht. Das Leben ist weniger Tat als vielmehr Gabe, weniger unser Werk als vielmehr Geschenk. Wenn wir uns ausleben, dann ist es bald aus mit dem Leben. Es kommt darauf an, das Leben zu hüten, zu bewahren, zu erhalten. Das ist alles andere als konservativ und reaktionär. Das ist progressiv, dient der Zukunft von Mensch und Schöpfung.

Wes Geistes Kind wir sind

Es stimmt von Grund auf etwas nicht, wenn der Mensch nicht mehr weiß, wo sein Ursprung ist und wem er sich verdankt, wenn er mit dem Grund des Lebens nicht mehr zusammenstimmt.

Dann versteht er auf einmal die Welt nicht mehr. Und er versteht schließlich sich selbst nicht mehr, weil er schon längst Gott nicht mehr versteht. Wer darüber hinweggeht, soll sich nicht wundern, wenn es schließlich überhaupt nicht mehr stimmt, wenn es hinten und vorn nicht mehr stimmt, weder am Anfang noch am Ende, noch überhaupt, mit der Welt und mit ihm selbst.

Hier scheiden sich die Geister, hier zeigt sich, wes Geistes Kind wir sind. Wir bekennen uns zu Gottes Heiligem Geist, der Herr ist und lebendig macht.

Sind wir eigentlich noch bei Trost?
Schrifttext: Röm 8,22–27

Enttäuschte Hoffnungen

Sind wir eigentlich noch bei Trost? Manche sagen: „Schaut euch doch das Ganze an, die Situation ist trostlos." Was ist nur mit der Kirche los? Sie scheint von allen guten Geistern verlassen. Nach dem Konzil, da sagte man: Jetzt bricht das neue Pfingsten an. Und heute, zwanzig Jahre danach? Wird zum Rückzug geblasen? Was wird mit der Zukunft unserer Gesellschaft? Friedenssicherung und Rüstung, Arbeitslosigkeit und das Umweltproblem? Die Situation scheint trostlos, die Politiker ratlos.

Vielleicht denkt mancher hier: „Was soll das eigentlich? Ich bin mit meiner Situation ganz zufrieden und mit den Verhältnissen auch. – Trost, nein danke." Das mag es auch geben. Ich will niemandem Fragen einreden. Aber es gibt viele andere, die nicht nur im Blick auf ihre Umwelt und ihre Verhältnisse trostlos sind, sondern auch im Blick auf ihre eigene Lebenssituation. Traurigkeit hat sie überfallen. Sie wissen nicht, wie es weitergehen soll: mit den verfehlten Lebensentscheidungen, mit den zerbrochenen Beziehungen, mit den Kalamitäten, in denen sie stecken, mit den eigenen Grenzen: Oft gehen wir mit großen Hoffnungen an den Start, und dann endet es schließlich in Filzpantoffeln. Wie werden wir fertig mit diesen Erfahrungen, mit der Vergänglichkeit? Sind wir noch bei Trost?

Vertröstungen

Wer kann denn trösten? Es gibt den billigen Trost, den kennen wir alle. Wir sitzen in der Klemme, und dann kommt jemand und sagt: „Es ist doch alles gar nicht so schlimm. Kopf hoch, alter Freund! Es wird schon wieder werden." In kritischen Situationen können solche Sprüche noch trostloser machen. Mit billigem Trost ist niemandem gedient, auch nicht mit Vertröstung.

Man hat lange Zeit den christlichen Glauben mit Vertröstung in Zusammenhang gebracht. Die ganze Religionskritik, vor allem die des vorigen Jahrhunderts, hat dem Christentum den Vorwurf gemacht, es ginge ihm um nichts anderes als Vertröstung – Vertröstung über die Misere des gegenwärtigen Lebens hinaus, mit dem Ausgleich im Jenseits. Billige Vertröstung!

Das ist kein Trost, das ist nicht christlicher Glaube. Dieser Glaube widerspricht einer solchen billigen Vertröstung aufs Jenseits. Aber er widerspricht ebensosehr einer nicht minder schlimmen Vertröstung auf das Diesseits. Wie kommt es eigentlich, daß sich immer mehr Menschen mit ihren selbstgemachten sogenannten Tröstern eindecken? Daß sie den Trost in der Flasche suchen oder in der Droge oder in all den Dingen, die uns die Trostfabriken in ihrem Sortiment anbieten? Vertröstungen auf das Diesseits, das bringt nichts. Der Kater hinterher ist meist größer als die Misere vorher.

„Die Welt ist allemal eine Nummer zu klein", sagt Kurt Tucholsky, „die Welt ist eine Nummer zu klein geraten, um die unendliche Sehnsucht eines Menschen stillen zu können."

Streichen wir das Sehnen durch, bleibt nur ein Wort übrig: Sucht. Sucht ist die Krankheit, in die sich der Mensch verrennt, wenn er das Sehnen über sich selbst hinaus verrät. Sind wir eigentlich noch bei Trost? Wer kann uns denn trösten?

Kostbarer Trost in der Misere

Es gibt nicht nur die Vertröstung. Es gibt nicht nur den billigen Trost. Es gibt auch den kostbaren Trost. Das haben wir wohl alle schon erfahren. Hoffentlich! Kostbarer Trost in den Situationen der Trostlosigkeit. Da wird uns der Blick geöffnet. Die Trostlosigkeit ist ja dadurch gekennzeichnet, daß wir nur noch die Probleme sehen, daß wir nur noch schwarzsehen. Der kostbare Trost aber weitet den Horizont, macht uns aufmerksam auf unsere Möglichkeiten, die wir schon fast ganz übersehen und sogar fast vergessen haben.

Es gibt die neuen Möglichkeiten, ja ungeahnte Möglichkeiten, die wir oft übersehen, ganz zu schweigen von den ungeahnten Möglichkeiten Gottes mit uns. Die Möglichkeit Gottes mit uns ist auch die Wirklichkeit Gottes mit uns. Diese Wirklichkeit ist der Heilige Geist. Gottes Wirklichkeit in uns, sein Geist, der Beistand. Ihn nennen wir den Tröster. Er, der kostbare Trost, weitet den Horizont. Er läßt uns die ungeahnten Möglichkeiten Gottes mit uns wahrnehmen in unserer Wirklichkeit. Er reißt uns nicht einfach aus unseren Kalamitäten und Miseren heraus. Darauf hat uns die Lesung des Pfingstfestes ausdrücklich hingewiesen. Wir hören vom Seufzen der Schöpfung, vom Stöhnen der Schöpfung. Das betrifft die ganze Welt, auch die Kirche. Der Geist, heißt es in der Lesung, der uns als Erstlingsgabe, als die Möglichkeit Gottes geschenkt ist, er entreißt uns nicht den Kalamitäten. Auch wir stöhnen mit und können uns nicht schwärmerisch über die tatsächlichen Verhältnisse hinweg treiben lassen.

Nein, das will der Geist nicht. Er entreißt uns nicht den Konflikten. Er entreißt uns nicht den ganzen Mühsalen und Beschwernissen und Miseren einer Erneuerung der Kirche. Er entreißt uns nicht den Rückschlägen. Er entreißt uns nicht den ganzen Frustrationen und den leeren, wüstenähnlichen Durststrecken. Dem allem entreißt er uns nicht. Aber er ist bei uns, das ist der Trost. Da müssen wir uns nicht mehr diesen trostlosen Selbstbemitleidungen und dem Gejammer überlassen. Dann können wir den Blick weiten, weil wir nicht Angst um uns selbst und Angst vor anderen haben müssen. Wir wissen, er ist bei uns, der Beistand. Er steht uns bei. Dann haben wir wieder den Rücken frei. Jeder von uns weiß wohl, was das ist, wenn wir den Rücken frei haben. Dann hat man auch Hände und Füße, Herz und Kopf frei. Dann kann man in aller Mühsal in den kirchlichen und gesellschaftlichen und auch in den eigenen Miseren seinen Weg suchen.

Gottes Geist in uns ist Trost, durch den wir Hoffnung haben dürfen. Diese Hoffnung ist mehr als die Summe unserer Leistungen. Wir dürfen Vater sagen zu Gott, weil wir Kinder sind und nicht Sklaven. Daß bei allem Streit Friede möglich ist, bei allem Haß Liebe, bei aller Trennung auch die Einheit, bei aller Schuld auch die Vergebung, das sind Gottes Möglichkeiten in uns durch seinen Geist. Das sollte nicht Trost sein?

„Komm, Tröster..."

Ich muß gestehen, daß ich lange Jahre mit diesem Trost und Tröster nicht viel anfangen konnte, bis mir in letzter Zeit zunehmend beim Singen und Beten der Pfingstlieder aufgegangen ist, daß fast in keinem Lied, in keinem Hymnus diese Anrede des Geistes fehlt.

„Der du der Tröster wirst genannt." Das ist mir sehr wichtig geworden. „Komm, Tröster, der die Herzen lenkt, du Beistand, den der Vater schenkt."

Strahlen

Schrifttext: 2 Kor 3, 12–4, 6

Strahlen – dieses Wort ist in den letzten Wochen in aller Munde. Wir führen es nicht nur im Mund, es geht uns durch Mark und Bein, es sitzt uns in den Knochen, Reaktorschock – jeder weiß, was das bedeutet.

Es gibt Strahlen, die tödlich sind. Man sieht sie nicht. Sie liegen in der Luft. Sie verseuchen Pflanzen und Tiere und treffen den Menschen bis ins Knochenmark. Tödliche Strahlen – seit einigen Wochen wissen wir besser, was das heißt.

Ein strahlendes Fest

Es gibt eine ganz andere Art Strahlen. Dasselbe Wort, und doch ein Unterschied wie Tag und Nacht. Es jagt uns Schrecken ein und weckt Begeisterung. Jeder von uns kennt Menschen, die strahlen, die etwas ausstrahlen, die Ausstrahlungskraft besitzen.

Christus hat etwas ausgestrahlt. Das kann man heute noch merken, durch die Jahrhunderte hindurch. Er hat nicht nur etwas ausgestrahlt. Auf seinem Gesicht strahlt „göttlicher Glanz" wider (2 Kor 4, 6). Er hat Gott ausgestrahlt, er hat ihn ungebrochen reflektiert.

Pfingsten ist ein strahlendes Fest. Es geht etwas aus von Christus. Man sieht es unseren Pfingstbildern an und hoffentlich auch unseren Gesichtern. Die Ausstrahlungskraft Christi: sein heiliger Geist. Er kann Menschen verwandeln, er kann sie zum Strahlen bringen.

Daß wir es nicht mißverstehen: Christus ist kein „Strahlemann", nicht vom Typ „immer nur lächeln". Nein, er strahlt durch die Wunden, die er erlitten hat. Er ist dem Leiden nicht ausgewichen. Sein Leben hat gerade durch den Tod hindurch Ausstrahlungskraft gewonnen. Sie trifft Menschen und Schöpfung. Brot und Wein, „Früchte der Erde und der menschlichen Arbeit", werden von seinen Strahlen erfaßt und gewandelt, damit auch wir gewandelt werden.

Unterschiedliche Strahlen

Es gibt unterschiedliche Strahlen, Strahlen, die tödlich sind, und Strahlen, die Leben wecken. Welchen Strahlen setzen wir uns aus, sind wir ausgesetzt?

Die tödlichen Strahlen überfallen uns von hinten – entfesselte Materie, die dem Menschen aus der Hand gleitet und sich gegen ihn selbst wendet, gesichtslos, anonym. Die belebenden Pfingststrahlen gehen von einem Gesicht aus, von einer Person: „Denn Gott, der sprach: Aus Finsternis soll Licht ausstrahlen, er ist in unseren Herzen aufgestrahlt, damit wir erleuchtet werden zur Erkenntnis des göttlichen Glanzes auf dem Angesicht Christi" (2 Kor 4, 6). Strahlen, die aus der Quelle der Energie kommen, aus Gott selbst, der Energie Liebe. Sie schenken Leben.

Unsere Berufung

Wir können diese Strahlen widerspiegeln, so daß sie andere erfassen. Das ist unsere Berufung. „Wir alle spiegeln mit enthülltem Angesicht die Herrlichkeit des Herrn wider und werden so in sein eigenes Bild verwandelt, von Herrlichkeit zu Herrlichkeit, durch den Geist des Herrn" (2 Kor 3, 18). – Die Herrlichkeit des Herrn widerspiegeln, so wie ein Reflektor Strahlen auffängt und reflektiert. Das Dilemma unserer Situation besteht darin, daß der Mensch diesen Auftrag weitgehend vergessen hat. Was die Welt zum Strahlen bringt, so meint er, das komme aus ihm selbst. Er sei Herr über Leben und Tod, Herr der Schöpfung. Er sonnt sich im Glanz seiner eigenen Herr-lichkeit. Und schließlich holen ihn die Strahlen, die er selbst entfesselt hat, ein und treffen ihn ins Mark.

Alles läuft auf die letztlich entscheidende Frage zu: Wer ist Herr über Leben und Tod? Wer ist der Herr der Schöpfung? Welcher Herr-lichkeit sind wir verpflichtet? Hier scheiden sich die Geister und die Strahlen!

IV

Der Grund aller Hoffnung

„Wir haben nur einen Gott, den Vater!"
Schrifttext: 1 Kor 8,5 f

Worauf ist unser Herz gerichtet?

Diese Erzählung aus der Weisheit Indiens hat mir zu denken gegeben: Ein Reiter, hoch zu Roß, jagt im Galopp über die Landstraße. Da ist ein alter Bauer auf dem Feld bei seiner Arbeit. Er richtet sich auf und ruft: „He, Reiter, wohin?" Der wendet seinen Kopf über die Schulter und schreit zurück: „Frag nicht mich, frag das Pferd."

Ein gespenstisches Bild: Der Reiter – in rasendem Tempo – ohne Ziel. Wir sitzen ja heute nicht nur auf einer Pferdestärke. Mit hundert und mehr PS jagen wir über die Straßen oder durch die Luft. Wohin? „Frag nicht mich, fragt die PS!?" Sind sie die Antwort? Ist die naturwüchsige Kraft, auf der wir uns treiben lassen, ist der sogenannte Fortschritt selbst das Ziel? Das Wachstum? Oder einfach die Entwicklung?

Sie hat uns eine Fülle von Mitteln gebracht (die dürfen und sollen wir nicht verteufeln). Aber in der Frage nach dem Ziel sind wir ungewisser denn je. Wenn die Mittel sich verselbständigen und zum Ziel werden, wenn die Lebens-Mittel (Pferdestärken und welche Kräfte und Dinge auch immer) zum Ziel des Lebens werden, dann ist auf einmal der Teufel los. Dann erheben sich die Götzen, von uns produziert und nach Kräften gefüttert. „Davon gibt es viele …", wie unser Schriftwort sagt. Die Welt ist voll davon. Wir auch?

„Wo dein Schatz ist, da ist auch dein Herz" (Mt 6,21). Das Herz hängt am Schatz. „Worauf du nun … dein Herz hängest und verlässest, das ist eigentlich dein Gott" (Martin Luther, Großer Katechismus). Worauf ist unser Herz gerichtet?

Die Antwort des Glaubens

„Wir leben auf *ihn* hin", heißt es hier im Text. Das ist ein Bekenntnis: „Auf *ihn* hin". Wir leben nicht auf irgend etwas hin, auch nicht ins Blaue hinein oder ins Grüne, sondern auf *ihn*. Das Ziel des Lebens heißt: „Du". Nicht irgendein Du, sondern ein bestimmtes, *ein*deutiges: „Wir haben nur einen Gott, den Vater." Darum rätseln wir nicht über irgendein höchstes Wesen, wir sagen: Du, Vater. Im Namen Jesu Christi! Darum spekulieren wir nicht darüber, was uns alles noch erwartet. Wir wissen: Er erwartet uns. Auf ihn hin leben wir.

„Von ihm stammt alles"

Dieses Ziel kommt nicht von ungefähr, es hat seinen Grund. *Er* ist der Grund: „Von *ihm* stammt alles …" Alles, nicht nur dieses oder jenes, nicht nur die Kirchen und das Heilige, sondern alles, und wir alle, von *ihm*. Dafür bürgt ein Name: Jesus Christus. Durch ihn sind Ursprung und Ziel unseres Lebens in Gott verankert.

„Von ihm stammt alles." Das ist eine klare Sprache. Das geht an die Grundfesten unserer Existenz. Verstehen wir uns so?

Eigenartig: Am Anfang unseres Daseins steht das

Empfangen, nicht die eigene Tat. Das Leben ist uns vorgegeben, es ist uns geschenkt. Vielleicht meint jemand:
Ich bin ja gar nicht gefragt worden! Allerdings nicht!
Wir sind uns selbst vorgegeben. Unser Dasein ist nicht
in unsere Entscheidung gestellt. Wir sind nicht Schöpfer
unserer selbst, so gern wir es oft auch sein möchten. Wir
haben uns nicht selbst gemacht, wir sind empfangen. Oft
sagen wir: „Das Leben ist hart. Du mußt es dir teuer erkaufen. Es wird dir nichts geschenkt." Stimmt das? Was
können wir schon erkaufen? Sicher, das Leben ist auch
unsere Tat, es ist Werk, Lebenswerk. Es ist Planung, Arbeit. Aber das ist nicht alles, nicht einmal das Wichtigste. Den Kern des Lebens erreichen wir damit nicht. Wir
erreichen die Lebensumstände, die Verhältnisse, die Lebensmittel. Das Leben selbst ist mehr Gabe als Werk,
mehr Geschenk als Tat. Es ist weit mehr zu empfangen
als zu machen. Das hat seinen Grund. Gott ist der
Grund des Lebens. Er ist der Urheber des Lebens. „Von
ihm stammt alles."

„Leben, das ist meine Sache"

Es gibt eine grundsätzlich andere Lebenseinstellung. Da
heißt es: Leben, das ist meine Sache. Wenn ich schon zu
Anfang nicht gefragt bin, ob ich sein möchte – jetzt je-
denfalls ist das Leben allein meine Sache. Ich allein ver-
füge darüber. So produziert man sich schließlich selbst.
Was dabei herauskommt, weiß jeder. Wir sagen das oft:
‚Der produziert sich selbst.' Das ist eine unheimliche Sache. Der Mensch wird eine Karikatur seiner selbst – zum
Lachen, wenn's nicht zum Weinen wäre. Sich selbst produzieren, das bedeutet: sich selbst schaffen, sich selbst
machen wollen, selbstherrlich, eigenmächtig, autonom.
Dann treten die sogenannten Macher auf den Plan, die

sich selbst als Herren über Leben und Tod aufspielen. Noch einmal der Text: „Solche Götter und Herren gibt es viele ..." Sie meinen, das Leben stehe zu ihrer Disposition.

Das zeigt sich zum Beispiel bei der Manipulation im Reagenzglas. Das setzt sich fort, wenn Menschen meinen, über das ungeborene Leben selbst verfügen zu können; wenn sie meinen, sie könnten am Ende anderen oder sich selbst buchstäblich das Leben nehmen, Zyankali verabreichen. Dann kann man schließlich auch mit dem Leben der Schöpfung machen, was man will. Die Schöpfung wird Material zur eigenen Lebenssteigerung, man plündert sie aus nach Strich und Faden. Und was hindert uns, daß wir der ausgeplünderten Erde am Ende schließlich auch „Zyankali" verabreichen? Die Mittel dazu haben wir. Die liegen in unseren Raketendepots.

„Auf ihn hin leben!"

Viele sind heute sorgfältig darauf bedacht, die Umwelt zu schützen und vor Verschmutzung zu bewahren. Gott sei Dank! Aber es geht nicht nur um unsere Felder und Wälder, es geht viel mehr noch darum, daß wir in den Grundfragen unserer Existenz für eine klare Atmosphäre eintreten. Sonst kurieren wir nur an Symptomen.

Es stimmt von Grund auf etwas nicht, wenn der Mensch nicht mehr weiß, wo sein Ursprung ist und wem er sich verdankt. Wer seine Herkunft vergißt, den wird es die Zukunft kosten („He, Reiter, wohin?"). Der versteht auf einmal die Welt nicht mehr. Und er versteht schließlich sich selbst nicht mehr, weil er Ursprung und Ziel seines Lebens aus den Augen verloren hat.

„Wir haben nur einen Gott, den Vater. Von ihm stammt alles, und wir leben auf ihn hin." Wer das von sich sagen kann, der ist der Macht der Götter und Götzen, der Herren und Herrschaften entrissen. Es gibt eine Freiheit, die nur der erfährt, der allein Gott seinen Vater nennt. Sie bricht die Angst vor der Zukunft, weil sie weiß: Er kommt auf uns zu. Die Herren und Herrschaften der Welt gehen, unser Herr kommt.

„In ihm ist Gottes Ja verwirklicht"
Schrifttext: 2 Kor 1, 18–22

Das ist ein Wort: eindeutig, klar, unmißverständlich: „Das Ja ist in ihm (Christus) verwirklicht. Er ist das Ja zu allem, was Gott verheißen hat ..."

Das läßt sich hören: Ein Grund, positiv zu predigen; Schluß mit dem ewigen Hinterfragen, Miesmachen, Verneinen. Ja ist gesagt! Wir hören es gern und sagen amen dazu. Oder? Vorsicht, der Text könnte uns auf die falsche Fährte locken. Man kann nicht zu allem ja und amen sagen, in der Welt nicht, und in der Kirche nicht!

Ja und nein sagen

Paulus hat nicht zu allem ja und amen gesagt, partout nicht! Er hat, sehr zum Mißfallen der Korinther, in ganz bestimmter Weise nein gesagt: Er ist nicht nach Korinth gekommen. Das ist es ja, was die Korinther so auf die Palme gebracht hat. Paulus hat nicht zu allem ja und amen gesagt, hier nicht, und in anderen Fällen nicht.

Gott sagt nicht zu allem ja und amen. Er sagt auch nein. Es gibt das anklagende, richtende Wort Gottes. Hat nicht das göttliche Ja auch ein Nein als Kehrseite bei sich? Gottes Wort geht durch Mark und Bein, scheidet die Geister. Sein Ja ist kein billiges Ja, das es allen recht machen will, partout nicht!

Die Voraus-setzung Gottes: Ja!

Sosehr das alles wahr und gar nicht zu leugnen ist, und sosehr Paulus selbst es weiß und vorbringt, in der allerletzten Frage, dort, wo es ums Letzte geht – um die Frage, wovon wir wirklich leben –, da steht dieses Ja Gottes, eindeutig, endgültig, ohne Vorbedingungen.

Kein Ja und Nein (kein Jein!). Kein Ja – aber ... Kein Naja, wir wollen mal sehen ... Nicht: einmal so – einmal so ...

Das Wort Gottes an die Welt und in die Welt hinein heißt Ja und nicht Nein. Das ist das Vorzeichen vor der Klammer, die Voraussetzung des Glaubens, besser: die Voraus-setzung Gottes; das Voraus Gottes! Vor aller Entscheidung des Menschen für oder gegen Gott steht Gottes Entscheidung für Mensch und Welt. Sie ist gefallen, ein für allemal. Gott steht im Wort. Er kann und will hinter das einmal gesprochene Ja nicht zurück.

Erinnern Sie sich an die Taufe: Da wird das besiegelt. Da erhalten wir das Angeld dieses Ja. Da wird es festgemacht. Sie hören richtig: Es sind Begriffe aus der Rechtssprache. Die Grundlage ist verbindlich gegeben. Wer sich dieses Ja sagen läßt, der kann getrost auch nein sagen! „Widersagst du ..."

Von der Voraus-setzung leben

Das ist der Ausgangspunkt. Davon können wir ausgehen. Das läßt uns hoffen:
– Für die Kirche, die Gemeinschaft der Getauften.

Sie lebt von der Voraus-setzung Gottes. Aber eben: davon lebt sie auch! Darum dürfen wir ja zu ihr sagen, obwohl es so viel Verneinungswürdiges in ihr gibt. Darum ist sie uns Grund genug zur Dankbarkeit und Freude. Darum dürfen wir singen und feiern, ohne Zynismus, obwohl keineswegs alles gut ist, so wie es ist.

– Für die Welt. Wir dürfen ja sagen zu dieser Welt, obwohl es in ihr so viel Verneinenswertes gibt. Wir brauchen die Ungerechtigkeiten nicht zu verschleiern, die in unserer Welt tatsächlich herrschen und die zum Himmel schreien, weil sie die Schöpfung Gottes oft übermächtig entstellen. Gott hat ja zur Welt gesagt. Darum kann sie uns verborgener Anlaß zu Dankbarkeit und Freude werden. Die zerrissene Welt, sie ist zustimmungswürdig, ohne Zynismus!

Das leibhaftige Ja Gottes

Bleibt am Ende doch nur Bestätigung, blanke Zustimmung? Ist das zu Verneinende nicht so ganz ernst zu nehmen? Und ob! Sehr ernst sogar. So ernst, wie Gott es nimmt.

Gottes Ja ist nicht so allgemein gesagt, es hat eine ganz bestimmte Gestalt, es hat ein Gesicht: Jesus Christus. „In ihm ist das Ja verwirklicht ..." Jesus Christus, das leibhaftige Ja Gottes in Person. Das Ja Gottes ist das Wort vom Kreuz.

Sein Ja überspielt das zu Verneinende nicht. Er steht auch nicht abseits und zeigt nicht mit dem Finger darauf: Schaut euch das an. – Er trägt daran, buchstäblich! Er läßt es nicht unerledigt, er arbeitet es auf. So sehr hat er uns und die Welt bejaht.

Er gibt es nicht auf: nicht mit der Kirche, nicht mit der Welt, nicht mit uns selbst.

Darum brauchen wir nicht aufzugeben: nicht mit der Kirche, nicht mit der Welt, nicht mit uns selbst.

Darum rufen wir durch Christus im Zeichen des Kreuzes zu Gottes Lobpreis das Amen.

„Euer Herz sei ohne Angst ..."

Schrifttexte: 2 Kor 1,18–22; Lk 22,39–46

„Euer Herz sei ohne Angst ...", das ist gut gesagt. Aber – nicht wenige unter uns haben Angst. Ich will Ihnen offen sagen: Mir ist bange ums Herz. Stellen Sie sich das vor: wir beginnen jetzt mit der Mission. Vielleicht denken Sie an frühere Volksmissionen zurück und meinen: Das macht ihm Spaß, ordentlich auf die Pauke zu hauen! – Das ist anders. Ich hab' noch nie in einer Mission gepredigt. Neuland. Stellen Sie sich das vor: Heute, am Sonntag, an die 3000 Menschen in der Kirche, Menschen, die tatsächlich noch etwas erwarten von der Kirche und denken, vielleicht hat der uns etwas zu sagen. Junge Menschen! Und nun stehe ich da: Was soll ich sagen? Können Sie sich denken, daß mich das bedrängt, daß mir angst und bange wird? Ich möchte Sie bitten: Machen Sie mit, beten Sie mit, daß der Funke überspringt, der Funke des Geistes, des Heiligen Geistes ..., daß etwas in Bewegung kommt.

Wir alle haben Angst

„Euer Herz sei ohne Angst!" Christi Wort in Ehren, aber: ich habe Angst, nicht nur hier um mich, daß ich ins Stottern gerate und nicht das rechte Wort finde. Weiß

67

Gott, es gibt andere Ängste. Wir sehen doch, was in der Welt gespielt wird! Wie soll das nur weitergehen: wenn die Energiekrise sich ausweitet; wenn die Arbeitslosigkeit fortschreitet; wenn die Ansprüche ständig steigen und die Appelle zum Maßhalten verhallen; wenn das Nord-Süd-Gefälle nicht überwunden wird; wenn nicht endlich Friede wird im Nahen und Mittleren und Fernen Osten und Afghanistan; wenn die Aufrüstung ständig zunimmt; wenn, wenn, wenn ...

Da kann einem angst und bange werden, weiß Gott!

„Euer Herz sei ohne Angst ..." – Christi Wort in Ehren, aber: Wir haben Angst. Wie soll's mit der Kirche weitergehen? Manche sagen: „Sie ist am Ende! Sie steht viel zu weit links. Sie freundet sich mit den Revoluzzern an und verrät ihre eigentliche Aufgabe."

Andere sagen: Die Kirche steht viel zu weit rechts. Sie kommt gar nicht von der Stelle. Sie hat unserer Zeit nichts mehr zu sagen. Kirche – kann man vergessen!" Spannungen, Konflikte. Können Sie sich denken, daß denen, die Verantwortung in der Kirche für die Kirche tragen (und in irgendeiner Weise tun wir das doch alle) angst und bange wird?

„Euer Herz sei ohne Angst ..." Christi Wort in Ehren, aber wir haben Angst. Schließlich kann jeder von uns von seinen eigenen persönlichen Ängsten erzählen; tausend Ängste, die uns bedrängen ... Das ist, wie wenn einem der Boden unter den Füßen weggezogen wird und man ins Schwimmen gerät.

Ein Leben lang Angst?

Viele haben eine panische Angst, zu kurz zu kommen, etwas zu verpassen.

Angst, daß mein Leben keinen Sinn hat, daß ich leer

ausgehe. Angst, daß ich versagen kann („Versager") und dem nicht gerecht werde, was man von mir fordert.

Angst, den anonymen Mächten (Entwicklungen, Trends, Institutionen, Verwaltungen) hoffnungslos ausgesetzt zu sein.

Angst um die Zukunft der Kinder. Angst, für kommende Generationen Verantwortung zu übernehmen, für das Leben der Kinder.

Angst vor dem Altwerden, Angst, abtreten zu müssen; Angst, daß mein Leben ein Ende hat und daß ich sterben muß. Beim Besuch im Krankenhaus sagt mir jemand: „Mensch, du kannst dir gar nicht vorstellen, welche Angst ich habe. Nachts die Fieberträume, ich bin oft in Schweiß gebadet …"

Da kann einem angst und bange werden. Das geht durch Mark und Bein.

Was machen wir mit der Angst?

Was machen wir mit der Angst? Vielleicht denken Sie: Ich – Angst? Daß ich nicht lache! Angst kenne ich nicht. Vor Leuten, die behaupten, keine Angst zu haben, kann man erst recht Angst bekommen. Sie sind zu allem fähig, sie gehen über Leichen.

Was machen wir mit der Angst? So tun, als wäre sie nicht da? Sie nicht ernst nehmen, verharmlosen, verdrängen? Jammern? Klagen? Standhalten? Fassung wahren? Aber wie?

Die beste Garantie gegen die Angst scheint immer noch der Besitz zu sein. Deshalb setzen wir alle Mittel in Bewegung, um immer mehr zu haben, mehr Dinge, mehr Rüstung. Aufrüstung als Zeichen der Angst. Die „Supermächte" werden von Angst voreinander in die Rüstung gejagt. „Aufrüstung" im privaten Bereich: Wir bauen mit allen möglichen Mitteln Dämme gegen die Angst. „Geld beruhigt", sagen wir. Hat der Wohlstand die Angst gelöst? „Die westliche Welt kennt die Segnungen des Konsumentenglücks, und immer mehr derjenigen, die in den Genuß dieses Glücks kommen, finden es unbefriedigend. Sie beginnen zu entdecken, daß viel zu haben kein Wohlbefinden schafft" (E. Fromm). Unsere Gesellschaft bringt Scharen geängstigter junger Menschen hervor, die in Drogenabhängigkeit fliehen.

Was machen wir mit der Angst? Angst heißt: es wird enger um uns herum, man wird in die Enge getrieben! Wie bekommen wir Luft? Wie bekommen wir weiten Raum, um leben zu können? Manchmal lese ich auf frommen Plakaten: „Wer glaubt, hat keine Angst!" – Das mag schon sein. Sicher hat der Glaube mit der Angst zu tun, und sicher hat die steigende Angst mit dem schwindenden Glauben zu tun. Aber: Der Glaube verharmlost die Angst nicht, er weiß: Mensch sein bedeutet Angst haben. Ich kann die Angst nicht verleugnen. Vielleicht ist mein Glaube zu schwach. Mich tröstet, daß Jesus Angst gehabt hat. So sagt es das Evangelium: „Und er betete in seiner Angst noch inständiger, und sein Schweiß war wie Blut, das auf die Erde tropfte ..." (Lk 22, 44). In seiner Angst findet er einen Engel, der ihn stärkt. Weiß Gott, das ist ein Engel, ein Geschenk des Himmels, wenn man in der Angst jemand findet, an den man sich halten kann, der trägt.

Gott ist in und vor aller Angst

Sie kennen wohl alle diese Erfahrung: Das Kind erwacht aus schweren Träumen, findet sich allein, von Nacht umgeben, namenloser Angst ausgeliefert. Die Mutter kommt, setzt sich ans Bett, und was sie sagt, ist auf der ganzen Welt im Grunde dasselbe: „Hab keine Angst, es ist alles in Ordnung, es ist wieder gut."

Ist dieser Trost eine Lüge? Alles ist noch da, was Angst macht: die Nacht, die Dunkelheit. Hat der Trost einen Grund, der trägt? Nicht das Wort allein, die Stimme, die Mutter selbst! Sie ist da. Ein Engel.

Ich denke zurück: Meine erste Erinnerung. Folgendes Bild steht mir vor Augen: Lungenentzündung (mit etwa vier Jahren.) Ich wache auf aus Fieberträumen, meine Mutter sitzt am Bett, hält meine Hand und sagt: „Hab keine Angst. Es wird wieder besser ..."

Ahnen Sie, was Glauben ist? Ich bin überzeugt: Gott steht am Ursprung der Welt und meines Lebens. Nicht ein dunkles Schicksal, nicht ein Urnebel nur, sondern Gott. Gott in Person. Und er nimmt mich wie ein Vater (wie eine Mutter) bei der Hand und sagt: „Hab keine Angst. Es wird wieder besser ..."

Ahnen Sie, was Glauben ist? Ich bin überzeugt: Gott steht am Ursprung der Welt und meines Lebens. Nicht ein dunkles Schicksal, nicht ein Urnebel nur, sondern Gott, Gott in Person. Und er nimmt mich wie ein Vater (wie eine Mutter) bei der Hand und sagt: „Hab keine Angst, es wird gut." Ihm kann ich meine Angst sagen: „Aus tiefer Not schrei' ich zu dir ..." „Du, Herr, du hast mich beim Namen gerufen. Du bist bei mir. Darum brauch' ich keine Angst um mich selbst zu haben." Hier liegt die Kostbarkeit des Gebets: Ich darf meine Angst und Not Gott sagen. Ahnen Sie: das ist weniger eine Last („ich muß beten") als vielmehr eine Befreiung, *die* Befreiung unseres Lebens; ein lösendes, ein erlösendes und befreiendes Wort.

Gott ist vor aller Angst, als der Grund des Seins, als die Liebe, die tiefer im Leben drinsitzt als alle Angst. Ich kann nicht tiefer fallen als in seine offenen Hände. Seine offenen Hände – das sind die Hände des Gekreuzigten. Ich kann nicht tiefer fallen als in seinen offenen Hände. Das läßt mich hoffen, trotz allem, was mich ängstigt.

Gottes Ja – gegen alle Angst

Es gibt viel zu Verneinendes in der Welt – das grundlegende Ja ist gesprochen: Jesus Christus.

Es gibt viel zu Verneinendes in der Kirche – das grundlegende Ja ist gesprochen: Jesus Christus.

Es gibt viel zu Verneinendes in uns selbst – das grundlegende Ja ist gesprochen: Jesus Christus.

Gottes endgültiges Wort zur Welt und zu mir ist nicht ein „Nein", sondern ein „Ja". Das läßt uns hoffen – gegen alle Angst. Darum brauchen wir's nicht aufzugeben, nicht mit der Welt und nicht mit der Kirche und nicht mit uns selbst. „Darum rufen wir durch ihn zu Gottes Lobpreis auch das Amen ..." Amen – Ja, so sei es. Das ist nicht nur ein Anhängsel am Schluß unserer Gebete und Predigten, das ist auch das Vorzeichen vor unserem Leben. Das erste und letzte Wort Gottes heißt „Ja". „Darum rufen wir zu Gottes Lobpreis das Amen."

„Jeden Sonntag Ostern feiern ..."

Schrifttext: 1 Petr 1,17–21

Sinn fürs Unbezahlbare

Dinge gibt's, die sind unbezahlbar: das Leben, der Atem, die Stimme (Sprache!), die Liebe, das Vertrauen, oder auch die Sonne, der Sonntag.

Der Sonntag ist unbezahlbar; wir sind frei, wir tun, was uns Spaß macht. Da ist nichts zu verdienen, der Tag ist einfach unbezahlbar. Und es ist schlimm, wenn Leute ohne einen triftigen Grund meinen, sie müßten auch am Sonntag noch etwas verdienen. Dann geht der Geschmack für das Unbezahlbare verloren.

Nicht nur Dinge – Menschen gibt's, die sind unbezahlbar: „Mensch, du bist unbezahlbar ..." Sie haben das doch sicher schon mal gesagt – und erfahren! Eigentlich gilt das für jeden Menschen. Aber manchmal geht uns das ganz neu wieder auf:

Die Mutter ist unbezahlbar (Mutter wird man nicht durch Verdienst, nicht durch Leistung. Was ist das für eine Gesellschaft, in der man sich die Anerkennung durch Verdienst erarbeiten muß! Kann man in unserer Gesellschaft nur dann bestehen, wenn man etwas einbringt?).

Denken Sie an die ehrenamtlichen Dienste in den Gemeinden. – Würde man die einzelnen fragen: „Was müssen Sie dafür haben ...", wären sie fast beleidigt und würden protestieren. – „Mensch, du bist unbezahlbar ..."

Das gilt vor allem im Blick auf Jesus: „Du bist unbezahlbar!" Was er getan hat, das ist nicht zu bezahlen, für kein Geld in der Welt. Wir sind nicht durch einen vergänglichen Preis losgekauft, nicht um Silber oder Gold,

sondern mit dem kostbaren Blut Christi ... (vgl. 1 Petr
1, 18 f). Er hat nicht etwas, er hat sich selbst für uns gegeben. Er ist einfach unbezahlbar, ein Geschenk des Himmels.

Wer so beschenkt wird, der hat allen Grund zu feiern
und zu danken.

Wir merken: Es ist völlig unangemessen zu fragen:
Was springt dabei heraus? Was hab' ich davon? – So unangemessen, wie wenn ich einem anderen Menschen be-
gegne, mit ihm Freundschaft schließen will und gleich
frage: Was hab' ich davon? Rentiert sich's? Statt dessen:
Ich freue mich, daß du du bist; ich freue mich über dich.

Das ist der Grund unserer Feier hier, das ist der
Grund des Sonntags. Wir feiern den unbezahlbaren
Jesus Christus. Das ist das erste. Das ist Thema eins des
christlichen Lebens. Das steht am Anfang unseres Lebens. Dem gehört der erste Tag der Woche, der Sonntag;
das ist wie eine Sonne, wie ein Sonnenaufgang.

Raum fürs Unbezahlbare

Gerade in diesem Punkt hat sich in den letzten Jahrzehnten Wesentliches geändert. Wir brauchen nur einmal unsere Kalender aufzuschlagen, dann werden wir feststellen: Der freie Tag ist nicht mehr der erste Tag der
Woche, sondern der letzte Wochentag, das Wochenende. So reden wir ja auch: Wir sagen in der Regel nicht
mehr: „Ich wünsche Ihnen einen guten Sonntag." Wir
sagen: „Ein gutes Wochenende ..."

Mancher wird vielleicht sagen: „Das ist doch ganz
egal, ob Sonntag oder Wochenende; Hauptsache, ich
hab' den freien Tag." Ob das wirklich so egal ist? Da hat
sich etwas Grundlegendes geändert! Man merkt schon
an den Wörtern: Wochenende – da sind wir am Ende!

Sonntag: Da sitzt die Sonne drin in diesem Wort! Es ist etwas grundsätzlich anderes, ob ich den Sonntag habe oder das Wochenende:

Sonntag: Der erste Tag der Woche! Der Dank für den Unbezahlbaren steht am Anfang, der Dank für Jesus Christus. Und indem wir für ihn danken, danken wir für alles Unbezahlbare: für das Leben, für den Atem, für die Sonne, für die Menschen. Das ist das Allerwichtigste, das steht am Anfang: Das ist der Auftakt, das Vorzeichen, der Notenschlüssel vor unserem Leben. Damit geht's los. Lebensperspektive im Zeichen des Dankes für das Unbezahlbare!

Wochenende: Da ruhe ich mich aus von dem, was ich in der Woche geleistet und verdient habe, und gebe es schließlich wieder aus; oder ich schlage die Zeit tot oder vertreibe mir die Zeit, weil ich (so auf Arbeit und Leistung getrimmt) nichts damit anzufangen weiß. Aber ich feiere nicht mehr den Dank für das Unbezahlbare!

Ist das nur eine Nebensächlichkeit, dieser Übergang vom Sonntag zum Wochenende? Oder ist das nicht vielleicht Ausdruck eines viel tiefer greifenderen Wandels, der sich in unserer Gesellschaft vollzieht? Wir haben die Kaufkraft stark entwickelt. Der Handel blüht. Wir lernen, wie man Geschäfte macht und zu Geld kommt, wie man die Rechnung präsentiert und miteinander abrechnet. Wir lernen, Ansprüche zu stellen, haben zu wollen und immer mehr haben zu wollen. Das lernen wir, darin sind wir Meister. Und am Ende meinen wir, alles sei zu haben, alles sei käuflich. Und dann wird das Käufliche im Handumdrehen alles. Wir denken dann schließlich: Anderes gibt es gar nicht mehr; und wir verlieren den Sinn für das Unbezahlbare!

Heute ist – scheint es – alles zu haben, und trotzdem werden viele unter uns das Gefühl nicht los, leer auszugehen und um das Wesentliche im Leben betrogen zu werden. So dicht liegt das nebeneinander: Überfluß und Leere, Reichtum und Bankrott, Geschäftigkeit und Langeweile, Erfolg und Resignation ...

Wenn Lebens-Mittel zum Lebens-Zweck oder Lebens-Sinn werden, dann ist auf einmal der Teufel los. Dann sitzen wir im Brutkasten des Wohlstandes – und gehen ein vor Kälte. Aller Kaufkraft zum Trotz leben wir letztlich von dem, was wir nicht kaufen können, vom Unbezahlbaren. Das wird uns geschenkt. Das Entscheidende im Leben ist unbezahlbar.

Schutz des Unbezahlbaren

Hier liegt die Bedeutung des Sonntagsgebotes. Es gehört seit je zu den Grundweisungen der Kirche für den gelebten Glauben. Es ist nicht irgendein Gebot, es ist das Gebot der Stunde! Wenn uns etwas daran liegt, daß der Sinn für das Unbezahlbare lebendig bleibt, dann müssen wir etwas dafür einsetzen, dann müssen wir uns dafür einsetzen.

1. Dann kann ich den Sonntagsgottesdienst nicht vom Zufall, nicht von Lust und Laune abhängig machen, nicht davon, wie ich vom Samstag auf den Sonntag geschlafen habe. – Das Kostbare ist leicht zerbrechlich, es bedarf eines besonderen Schutzes – wie das Leben, die Liebe. Die kann ich nicht von einer zufälligen Stimmung abhängig machen. Nicht jeder Kuß ist der Kuß des Hochzeitstages. Aber wenn der Kuß einfach unterbliebe, weil ich nicht mehr in der Hochstimmung bin? Wenn die Liebe in Beliebigkeit verkommt, dann ist's aus mit der Liebe! Treue im Alltäglichen!

2. Wenn die Sache, um die es hier geht, so wichtig ist, dann müssen wir uns gegenseitig stützen. Der eine ist

auf den anderen angewiesen: „Mensch, der ist auch da ..."

Da kann ich nicht einfach sagen: „Kein Bedürfnis! Gibt mir nichts!" Wie, wenn ich den anderen etwas geben kann? – Für mich ist das auch nicht jedesmal ein „innerstes Bedürfnis", wenn ich hier stehe (und am Sonntag vier bis fünfmal gepredigt habe), oft bin ich dann k. o. Aber die Sache ist mir so wichtig, daß ich sie doch nicht von meinem „Bedürfnis" abhängig machen kann.

Jeder ist auf das Zeugnis des anderen angewiesen. Und natürlich bin ich hier auf Ihr Zeugnis angewiesen.

3. Randgruppen, das ist heute das große Schlagwort. Sich für Randgruppen engagieren! Wird nicht der Gottesdienst zum Integrationspunkt: Männer und Frauen, Eltern und Kinder, junge Menschen und alte Menschen, Deutsche und Ausländer ... ? Wo gibt es das sonst noch in unserer Gesellschaft, daß soviel Menschen „ungezwungen" zusammenkommen! Hier liegt meine Bitte an die Jugendlichen, diesen Ort der Integration wahrzunehmen; nicht Randgruppen zu schaffen, sondern die Gemeinsamkeit zu suchen; Verständnis dafür aufzubringen, daß die Gestaltung des Gottesdienstes nicht nur eine Gruppe, sondern möglichst alle Gruppen im Blick haben muß.

Feier des Unbezahlbaren

Sonntag – Wochenende. Wir ahnen wohl gar nicht, was unter uns kaputtgeht an Grundgegebenheiten des menschlichen Daseins. Manches, was wir als die große Befreiung von starren Gesetzen (etwa dem Sonntagsgebot), als Emanzipation preisen, wird uns bald wie ein Gespenst in seiner Unmenschlichkeit überfallen.

Ob es sich nicht am Ende herausstellt, daß unser Singen und Feiern, unser Gotteslob, das nicht nach Nutzen und Zweck fragt und nicht an Leistung und Erfolg orientiert ist, das Allerhumanste und Allermenschlichste ist und uns aus den Klauen der Zwecke befreit? Die Feier des Sonntags hat Auswirkungen auf die Woche, auf unser Leben. Wenn wir den Sonntag feiern, wird auch der Werktag österlicher, sonntäglicher. Einübung, das Unbezahlbare zu feiern, den Unbezahlbaren zu feiern. Den Sinn wachhalten, daß der andere neben mir unbezahlbar ist. Dem anderen absichtslos begegnen, jemanden „rein" anschauen.

Manches, was wir als Gemeinde Christi heute tun, können wir getrost anderen überlassen. In einem sind wir nicht zu ersetzen, das ist unsere erste und letzte Berufung, das rechtfertigt unsere Existenz vor Gott und der Welt:
– Laßt uns den Sinn für das Unbezahlbare wachhalten!
– Laßt uns den Sinn für den Unbezahlbaren wachhalten!
– Laßt uns den Sonntag feiern!

„Wir rühmen dich und danken dir"

Schrifttext: Kol 3, 12–17

Warum wir singen ...

Warum singen wir eigentlich? Kann man das erklären? Sicher gibt's (Musik-)Theorien, die das versuchen. Ob's gelingt?

Vieles in der Welt ist nicht zu erklären; es *ist* einfach, es rechtfertigt sich durch seine Existenz, jenseits von Theorien, jenseits der Fragen: Warum? Wozu?

Wir halten uns für sehr aufgeklärt und denken schließlich, alles sei zu erklären und (noch schlimmer!) das Erklärte sei alles, alles andere zähle nicht, sei nicht so ganz ernst zu nehmen. Das kann doch nicht wahr sein!

Vieles in unserem Leben ist nicht zu begreifen, ist „unbegreiflich", sagen wir. Es gibt Wirklichkeiten, die wir nicht begreifen können – aber wir können uns von ihnen ergreifen lassen.

Da sagt ein Mensch zum anderen: Du, ich liebe dich. – Erklären Sie das. Das ist nicht zu erklären, das ist unbegreiflich, davon kann man sich nur ergreifen lassen. Und wenn das geschieht, dann wird ein Fest gefeiert, und wir singen.

Und wenn Gott sagt: Du Mensch, ich liebe dich. Wollen wir das erklären? Alle Erklärungen bleiben hinter dem zurück, was zu erklären wäre. Das ist unbegreiflich, davon kann man sich nur ergreifen lassen. Das ist ein Geschenk des Himmels. Wer sich ihm öffnet, der feiert ein Fest und singt. Das ist Gottesdienst. Am Ursprung des Gottesdienstes steht dies: Gott sagt ja zu uns: „Du, Mensch, ich liebe dich!" Und wir, von Gott geliebt, tun unseren Mund auf und singen.

Glaube mit Klang

Das Lob Gottes steht am Anfang unseres Glaubens. Der Glaube hat Musik, hat Klang und Farbe. Er ist weit davon entfernt, nur Gedanke zu sein. Er wird im Herzen geboren, nicht im Kopf. Und wenn das Herz davon ergriffen ist, dann öffnet sich der Mund, und wir singen.

Oft denken wir: Der Glaube ist eine Fülle von Lehrsätzen. Da muß man viel nachdenken, Gott zu erklären versuchen. Sicher hat die Lehre Bedeutung in unserem

79

Glauben. Aber am Anfang unseres Glaubens stehen nicht Lehrsätze, sondern Psalmen, Gesang. Das alles ist nicht etwa nur Ausschmückung der Liturgie, das ist die Sache selbst. Unser Glaube hat Klang und Farbe, nicht nur Papier und Druckerschwärze.

„Das Wort Christi wohne mit seinem ganzen Reichtum bei euch ... Singt Gott in eurem Herzen Psalmen, Hymnen und Lieder, wie sie der Geist eingibt, denn ihr seid in Gottes Gnade" (Kol 3, 16). Spürt man diesen Reichtum des Wortes Christi bei uns heute? Wenn der Kopf allein regiert, dann sind wir am Ende arm dran. Dann werden unsere Kirchen und unsere Liturgie leer. Ausgeplünderte Kirchen und eine ausgeplünderte Liturgie können kaum Zeugnis davon geben, daß Gott schön ist, daß der Glaube Klang und Farbe hat. Das Wort Christi möchte mit seinem ganzen Reichtum bei uns wohnen. Wir dürfen die Schätze unserer Gesangstradition nicht verkommen lassen.

Freude, daß Gott Gott ist ...

„Singt Gott in eurem Herzen Psalmen, Hymnen und Lieder ..." – Lobpreis Gottes! Können wir das heute noch? Lobpreis, das ist wie ein Fremdwort, wir verstehen es kaum noch. Fällt Ihnen etwas dazu ein? Spielt das in Ihrem Leben eine Rolle? Wenn wir nach Gott fragen, dann in der Regel so: ‚Herrgott, warum muß mir das passieren?' ‚Wie habe ich das verdient?' Glaube an Gott: Was habe ich davon? Was springt dabei heraus? Gottesdienst: Was bringt er mir? Komme ich auf meine Kosten? – Bei alledem ist von Lobpreis keine Spur mehr zu finden. Da regiert der Zweck. Da geht's nicht eigentlich um Gott, sondern um unseren eigenen Nutzen. Da bleiben wir Gefangene unser selbst.

Lobpreis Gottes, der kann nur gelingen, wenn wir nicht mehr nach Zweck und Nutzen fragen, wenn wir nicht bei uns selbst stehenbleiben, sondern von uns selbst absehen (und auf Gott hinschauen), wenn wir über uns selbst hinausgehen (auf Gott hin), wenn wir (wie in der Liebe) zu Gott hingerissen sind.

Im Gloria haben wir eben gesungen: „Gratias agimus tibi propter magnam gloriam tuam – Wir rühmen dich und danken dir, denn groß ist deine Herrlichkeit." Wir sagen Gott Dank, nicht weil wir etwas davon haben, sondern „propter magnam gloriam tuam". Wir sagen Gott Dank ohne Hintergedanken, ohne ihn funktional für uns zu vereinnahmen. Wir sagen Gott Dank, weil er so ist, wie er ist. Liebe kommt erst dort an ihr Ziel, wo ich den anderen nicht mehr wegen etwas, sondern um seiner selbst willen liebe; wo ich nicht mehr darauf aus bin, etwas von ihm zu haben, sondern mich einfach darüber freue, daß er ist, daß es ihn gibt.

... denn groß ist deine Herrlichkeit

Das hat die Menschen bewegt, die den Choral hier in Kiedrich geschaffen und uns durch die Jahrhunderte hin überliefert haben: „Wir rühmen dich und danken dir, denn groß ist deine Herrlichkeit." Mit dem Gesang verbindet sich in dieser Aussage der Raum, in dem wir hier sind.

In dieser Kirche hier ist Musik. Die Architektur verbindet sich mit den Klängen des Chorals. Was hat die Menschen bewegt, die sie bauten? Sie haben nicht gefragt: Wieviel Sitzplätze müssen wir schaffen? Wie hoch muß der Raum sein, damit die Luft nicht so schnell verbraucht ist? Wieviel Kubikmeter umbauten Raum können wir uns zumuten? Wenn sie so gefragt hätten, wäre der Bau nie entstanden. Sie fragten nicht nach Zweck und Nutzen, sondern nach Gott: „Wir rühmen dich und danken dir, denn groß ist deine Herrlichkeit."

Architektur und Gesang treffen sich in dieser befreienden Botschaft. Sie lassen die Fragen nach Zweck und Nutzen hinter sich, sie führen uns über uns selbst hinaus. Es ist ja nicht etwa nur „Gebrauchsmusik", die wir hier hören und mitgestalten. Geben wir acht, daß der Trend zum „Brauchbaren" nicht schließlich auch noch unsere Gottesdienste beherrscht, daß die Liturgie nicht am Gebrauchswert gemessen wird. Sie lebt davon, daß sie das „Brauchbare" übersteigt. Wenn sie nur noch Gebrauchsmusik kennt, wird sie schnell verbraucht sein.

Was den Choral bewegt

650 Jahre Kiedricher Choral. Wir stehen in dieser Tradition. Werden wir sie weitergeben? Wird es gelingen, nicht nur ein Denkmal zu konservieren, sondern die Botschaft zu vermitteln, die den Choral und diesen Kirchenraum bewegt? Die Menschen warten darauf. Denn der Lobpreis Gottes, das absichtslose und nicht nach Nutzen und Erfolg fragende Gotteslob ist das Allerhumanste. Es ist Erlösung, Befreiung aus den Klauen der Zwecke.

Manches, was wir als Gemeinde Jesu Christi heute tun, können wir getrost anderen überlassen. In einem sind wir nicht zu ersetzen, das ist unsere erste und letzte Berufung, das rechtfertigt unsere Existenz vor Gott und der Welt: der Lobpreis Gottes.

V

Christliche Originalität

„Bereitet den Weg des Herrn"

Schrifttext: Lk 3,1–6

Vorbemerkung

Das Leitwort der 25. Adveniat-Aktion 1985 findet sich in allen vier Evangelien (Mt 3,3; Mk 1,3; Lk 3,4; Joh 1,23). Es begegnet uns in diesem Jahr als Evangelium des Zweiten Adventsonntags in der Lukasversion. Es wird Johannes dem Täufer in den Mund gelegt. Er, der Wegbereiter, ruft seinen Hörern zu: „Bereitet dem Herrn den Weg" (Lk 3,4).

Der Vers ist ein Zitat aus dem Anfang des Deuterojesaja (Jes 40,3). Die Situation, in der das Prophetenwort ergeht, ist für das Verständnis erhellend. Israel ist im Exil in Babylon. Es erlebt, wie die Menschen dort hinter ganz anderen Göttern herlaufen. Die Babylonier haben mächtige Prozessionsstraßen gebaut (Teile davon sind noch heute im Pergamon-Museum in Ostberlin zu sehen), mit trag- und fahrbaren Götterbildern und Fruchtbarkeitssymbolen. Sie können mit ihren Göttern (Marduk und Ischtar) einen Staat machen: übermenschliche Potenzen, die naturwüchsige Vitalität und Überlegenheit demonstrieren. Wie müssen sich die geschlagenen Israeliten bei den in Babylon inszenierten Prozessionen klein und verloren vorgekommen sein! Ihr Gott ist nicht zum Vorzeigen, er ist kein Demonstrationsobjekt. So leben sie in jeder Hinsicht im Exil. Zwischen Babylon und Jerusalem liegt die Wüste. Sie trennt das Volk von der Heimat und – so denken viele – von Gott.

In dieser schier ausweglosen Situation ergeht eine Botschaft, die kaum zu fassen ist: Jahwe, der Gott Israels, bricht sich Bahn, gegen die Götter Babylons, diese Nichtse, wie der Prophet sagt. In der Wüste mit ihren Ängsten und Zweifeln und durch die Wüste hindurch entsteht sein Weg. Das ist der Weg in die Freiheit, aus dem Tod ins Leben, nach Hause. Der Prediger sollte im Auge behalten, daß es – will er der biblischen Tradition des Leitwortes treu bleiben – nicht allein um Straßen für Bolivien und Peru geht (das sicher auch!), sondern um den Weg des Herrn. Dieser Weg konkretisiert sich dem Evangelium zufolge im Weg Jesu Christi. Ihm dürfen wir, wie der Täufer Johannes, unsere Stimme leihen.

„Gib's auf!", das ist der Titel einer kleinen Erzählung von Franz Kafka:

„Es war sehr früh am Morgen, die Straßen rein und leer, ich ging zum Bahnhof. Als ich eine Turmuhr mit meiner Uhr verglich, sah ich, daß es schon viel später war, als ich geglaubt hatte, ich mußte mich sehr beeilen, der Schrecken über diese Entdeckung ließ mich im Wege unsicher werden, ich kannte mich in dieser Stadt noch nicht sehr gut aus, glücklicherweise war ein Schutzmann in der Nähe, ich lief zu ihm und fragte ihn atemlos nach dem Weg. Er lächelte und sagte: ‚Von mir willst du den Weg erfahren?' ‚Ja', sagte ich, ‚da ich ihn selbst nicht finden kann.' – ‚Gib's auf, gib's auf', sagte er und wandte sich mit einem großen Schwunge ab, so wie Leute, die mit ihrem Lachen allein sein wollen."

Menschen fragen nach dem Weg

Menschen fragen nach dem Weg. Sie sind unsicher geworden. Sie haben Angst, den Anschluß zu verpassen. Sie wissen nicht wohin. Keinen festen Weg unter den Füßen haben – das läßt die Knie wanken. Man kommt ins Flattern, rennt hin und her, gerät in Panik und außer Atem. Schließlich weiß man nicht mehr aus noch ein.

Menschen fragen nach dem Weg. Wie reagieren wir? „Von mir willst du den Weg erfahren?" – „Ja", sagen sie, „da wir ihn selbst nicht finden können ..."

Was antworten wir den jungen und älteren Leuten, die

sich Mal um Mal bewerben und keinen Weg finden in ihren Beruf? – Gib's auf!?

Was sagen wir denen, die festgefahren sind in ihrem Leben, sich in Sackgassen verrannt haben, an Nullpunkten oder Endstationen angekommen sind? – Gib's auf!?

Was antworten wir, wenn Leute sagen: „Hilfe für die Dritte Welt, das bringt nichts. Das ist ein Faß ohne Boden. Gib's auf ..." Wenden wir uns „mit einem großen Schwunge ab ..."?

Wir haben viele Straßen gebaut: Geschäftsstraßen und Bankverbindungen (Prozessionswege des Geldes, der Selbstdarstellung und der vielbeschworenen Selbstverwirklichung); Autobahnen und Startbahnen: laut, schnell, ruhelos. Kennzeichen einer „mobilen Gesellschaft", in der man ständig in Eile ist, überholt und überholt wird. Geben sie den Suchenden Antwort auf die Frage nach dem Weg?

Ein neuer Anfang

Das Plakat der Adveniat-Aktion stellt uns ein anderes Bild vor Augen: keine üppige Einkaufsstraße oder rasante Rennstrecke. Ein Pflasterer aus Bolivien hockt da bei seiner Arbeit, fast ohne Mittel: eine abgenutzte Kelle, ein kleiner Hammer, ein paar Steine. Wir sind versucht zu sagen: Was bringt das denn? Gib's auf! Er hätte vielleicht allen Grund dazu. Er tut's nicht. Er ist ganz bei der Sache. Er fügt Stein an Stein, und allmählich bahnt sich ein Weg, in einer ausweglos scheinenden Situation. Ein Weg, der Menschen zusammenführt und sie miteinander verbindet. Ein Weg, der aus dem Nullpunkt herausführt. Ein neuer Anfang, wo alles drumherum nach Ende aussieht. Tote Steine fügen sich zu einem Weg, der Leben ermöglicht und Hoffnung schenkt.

Ungeahnte Wege

Leben ist wie das Schreiten auf einem Weg. Manchmal bleiben wir stehen, blicken zurück, schauen nach vorn. Sind wir auf dem richtigen Weg? Wir treffen auf Scheidewege. Wohin sollen wir gehen?

> „Ich bin ein Sucher
> eines Weges,
> der breiter ist
> als ich.
> Nicht zu schmal.
> Kein Ein-Mann-Weg.
> Aber auch keine
> staubige, tausendmal
> überlaufene Bahn.
> Ich bin ein Sucher
> eines Weges.
> Sucher eines Weges
> für mehr
> als mich." *(G. Kunert)*

Sucher eines Weges, der nicht in den Geschäftsstraßen endet, der weiterführt als vor die eigene Tür und die des anderen. Ein Weg, der über uns selbst hinausführt und über alles, was die Welt uns bieten kann. In alledem ist etwas zuwenig. „Die Welt ist eine Nummer zu klein geraten, um die unendliche Sehnsucht eines Menschen stillen zu können" (K. Tucholsky).

Sie bringt uns auf ungeahnte Wege: „Bereitet den Weg des Herrn", so steht's da in großen Buchstaben auf dem Adveniat-Plakat. Weg des Herrn! Also nicht nur unser eigener Weg, nicht nur das, was wir uns ausdenken und zuwege bringen, mehr als die Summe unserer Erfindungen und Leistungen. Gott hat sich auf den Weg gemacht. Er ist uns entgegengekommen, so entgegenkommend und zuvorkommend, wie er ist. Dafür bürgt ein Name: Jesus Christus. Er ist der Weg. Auf diesem Weg kommt Gott uns entgegen. Auf diesem Weg können wir ihm begegnen. Er führt uns in die Freiheit. Er eröffnet neue Möglichkeiten. Das dürfen wir anderen sagen und uns selbst gesagt sein lassen: Du hast viel mehr Möglichkeiten, als du ahnst, ganz zu schweigen von den ungeahnten Möglichkeiten Gottes mit dir.

Glaube mit Hand und Fuß ...

Wenn du nicht weiterkommst und auf der Stelle trittst, wenn du dich verrannt hast oder am Nullpunkt angekommen bist – du brauchst nicht aufzugeben. Gott kommt dir entgegen. Entdecke seine Wege zu dir und zu den anderen. Du kannst ihm den Weg bereiten. Du kannst Steine des Anstoßes aus dem Weg räumen. Du kannst Berge von Vorurteilen abtragen und Täler der Not überwinden helfen. Du kannst einen Weg in der Wüste bauen (wie der Pflasterer aus Bolivien). Die Welt wird nicht dadurch besser, daß wir sie auf den Kopf stellen und Ausweglosigkeiten breittreten, sondern daß wir gangbare Wege eröffnen.

„Bereitet den Weg des Herrn!" Wer sich darauf einläßt, der hat alle Hände voll zu tun (wie der Pflasterer aus Bolivien). Er wird dem Kommen Gottes in seinem alltäglichen Leben den Weg bereiten, mit allen Mitteln, die ihm zur Verfügung stehen, auch mit dem Einsatz seines Geldes. So bekommt der Glaube Hand und Fuß. Mitten in der Wüste blitzen Signale der Hoffnung auf. Die Welt bleibt nicht so, wie sie ist, neue Möglichkeiten werden sichtbar.

Der Weg des Herrn führt nicht in die Wolken, aber er

führt über uns selbst hinaus zu den anderen. Er führt über den eigenen Kirchturm hinaus, er führt über das Wasser, über den Ozean, zum Beispiel nach Bolivien, nach Brasilien. Er verbindet Europa mit Lateinamerika. Er verbindet Menschen miteinander. Er führt uns ins Freie, in die Freiheit.

Viele Menschen in aller Welt lassen sich ein auf diesen Weg des Herrn. Mit ihnen bekennen wir: Gott ist im Kommen. Seine Herrschaft bricht sich Bahn. Adveniat regnum tuum!

„Haben, als hätte man nicht"

Schrifttext: 1 Kor 7,29–31

Was denken Sie, wenn Sie solche Sätze hören: „Wer kauft, verhalte sich so, als sei er nicht Eigentümer geworden, wer sich die Welt zunutze macht, als nutze er sie nicht... Wer eine Frau hat, verhalte sich so, als habe er sie nicht..."

Was fangen wir mit solchen Sätzen an? Das ist nicht unsere Sprache. Spricht daraus nicht eine gefährliche Weltdistanz, Ehefeindlichkeit?

Paulus in Ehren, werden wir sagen, er hatte nun mal ein gebrochenes Verhältnis zur Welt. Das waren eben andere Zeiten, noch nicht so aufgeklärt. Da denken wir heute anders, auch als Christen: Wir sprechen von Weltverantwortung, Engagement in der Welt ist Trumpf.

„Haben, als hätte man nicht..." – das klingt anstößig in unseren Ohren. Anstößig? Vielleicht ist es gut, den Anstoß zuzulassen, der aus allzu gewohnten Bahnen des Denkens heraushold. Vielleicht ist es gut, den Einspruch aufzunehmen, den Zwischenruf gelten zu lassen, der uns zum Innehalten bringt.

Die Dinge an ihrem Platz lassen

„Wer hat, als hätte er nicht..." Wir sprechen anders: „Wer hat, der hat." – „Was man hat, das hat man. Wer weiß, was kommt." – „Hast du was, dann bist du was." – Schließlich meint der Mensch, er sei um so mehr, je mehr er hat. Und am Ende hat er dann nicht mehr die Dinge, sondern die Dinge haben ihn. Er besitzt nicht mehr, sondern ist besessen. Er ist nicht mehr Besitzender, sondern Besessener. Das ist die moderne Form der Sklaverei. Man kann sie überall antreffen, man muß nur um die Ecke gehen, vielleicht nur zu sich selbst.

Man denkt, wenn ich das habe, dann habe ich alles. Man sieht etwas und ist ganz gefangen davon: Das *muß* ich haben.

Nun sagt Paulus: „Wer hat, der verhalte sich so, als hätte er nicht." Da behalten die Dinge zwar ihr Gewicht, aber sie verlieren ihr Übergewicht. Sie sind nicht mehr alles. Paulus sieht über die käuflichen Dinge hinaus, er sieht auf den Herrn. Und von ihm her gesehen, bekommt alles andere einen neuen Stellenwert. So wichtig ist es nicht mehr, es gibt Wichtigeres. Paulus sieht, wie zerbrechlich die Dinge sind. Das kann doch nicht alles sein! Er lenkt hin zu dem, was mehr ist als alles, jenseits der Dinge.

Die Welt an ihrem Platz lassen

„Wer sich die Welt zunutze macht, verhalte sich, als nutze er sie nicht..."

Wie soll man das verstehen? „Macht euch die Erde

untertan...", so heißt es auf den ersten Blättern der Bibel. Sollen wir nicht herausholen, was herauszuholen ist? Nach dieser Devise haben wir in den letzten Jahrzehnten gewirtschaftet. Was dabei herauskommt, sehen wir.

Vielleicht hat der eine oder andere von Ihnen den Report „Global 2000" gelesen. Da kann einem angst und bange werden. Die Versteppung der Erde schreitet unaufhaltsam voran, ebenso die Verschmutzung der Flüsse, die Verschmutzung der Luft. Was hat der Mensch mit der Welt gemacht? Am Ende steht der ausgeplünderte Planet.

Die Welt nutzen, als nutze man sie nicht... Da wird eine innere Distanz zur Welt sichtbar. Die Welt ist nicht alles. Darum muß man nicht alles von ihr erwarten. Darum muß man nicht unersättlich herausholen, was herauszuholen ist. Es gibt mehr, über die Welt hinaus. Paulus blickt über die Welt hinaus auf den Herrn. Weil er ihn im Blick hat, darum muß ihm die Welt nicht als Gottesersatz dienen. Darum kann er sie getrost lassen. Darum kann er sie in ihren Grenzen lassen.

Die Menschen an ihrem Platz lassen

„Haben, als hätte man nicht..." Bei den Dingen um uns herum und bei der Welt im ganzen mag das wohl angehen. Aber im Blick auf Menschen? Da hört's auf! Was soll dieser Satz: „Wer eine Frau hat, verhalte sich so, als habe er sie nicht..."

Wie soll das gehen? Die Frauen werden sich bedanken, und die Männer auch. Paulus in Ehren – aber was fangen wir mit seiner Lebensregel an?

Man kann von der Ehe viel erwarten; man kann alles von ihr erwarten. Und dann trifft man einen Menschen und sagt: Du bist mein ein und alles. Das ist leicht gesagt. Ist er damit nicht maßlos überfordert? Das kann er nicht bringen. Alles ist er nicht.

Ob nicht deswegen heute so viele Beziehungen scheitern, Ehen in die Krise geraten, weil der eine den anderen maßlos überfordert? „Alles" kann er nicht bringen. Bei dieser Erwartung muß es zu bitteren Enttäuschungen kommen.

Theologen sind heute schnell dabei, davon zu reden, man könne im anderen Gott begegnen. Der andere – Gott? Damit ist er maßlos überfordert!

„Haben, als hätte man nicht..." Paulus blickt über den anderen Partner hinaus, er blickt auf den Herrn. Von dorther bekommt auch der andere seinen Platz. Er muß nicht „Gott" bringen, er darf Mensch bleiben. Das kann wie eine Befreiung sein.

Wer eine Frau hat, verhalte sich so, als habe er sie nicht... – Vielleicht steckt auch dies in diesem Satz: Bei aller Nähe zum anderen das Moment einer inneren Distanz. Das ist für eine Beziehung lebensnotwendig. Es wäre schlimm, wenn diese Distanz nicht da ist, die den anderen in seiner Andersheit gelten läßt. Den anderen „haben", das kann schlimm werden. Wenn man ihn wie sein Eigentum betrachtet – Gott bewahre! Wenn Partner sich gegenseitig als Eigentum verstehen, wenn Kinder ihre Eltern als ihr Eigentum ansehen, das kann schlimm werden. Haben, als hätte man nicht... Ein Element von innerer Distanz, das dem anderen Lebensraum läßt, indem er er selbst sein kann.

Anstoß zu größerer Freude

Paulus mißgönnt uns nicht das Glück, er mißgönnt nicht die Freude an den Dingen, die Freude an der Welt, die

Freude am anderen Menschen, die Freude mit anderen
Menschen. Er mißgönnt uns diese Freude nicht. Aber er
gönnt uns eine noch größere Freude: die Begegnung mit
dem kommenden Herrn. Und von dorther bekommt alles andere seinen Platz.

Anstößige Sätze – allerdings! Vielleicht können sie
uns einen Anstoß geben, darüber weiter nachzudenken.
Sie geben zu denken – und zu tun.

„Nehmt einander an..."

Schrifttext: Röm 15,7

Das ist ein Wort. Was für ein Wort? Ein Befehl? Einander annehmen – das geht nicht auf Befehl. Es steckt
mehr dahinter, die Punkte deuten es an: „Nehmt einander an, wie Christus uns angenommen hat." Das steht
dahinter. *Er* steht dahinter.

Wir sind angenommen

Das Entscheidende im Leben können wir uns nicht
selbst besorgen. Jeder von uns lebt von dem, was er empfängt. Das Leben wird uns geschenkt. Wir kommen zur
Welt, weil wir angenommen sind.

Das Entscheidende im Leben können wir uns nicht
selbst geben. Daß wir absolut geliebt und angenommen
sind, trotz unserer Grenzen und über den Tod hinaus,
das ist nicht zu machen. Das können wir uns nicht einreden! Das können wir uns nur sagen lassen von dem, der
über den Dingen steht und über der Welt, der Schuld
und Tod überragt. Das ist geschehen. Dafür steht der
Name Jesus Christus. In ihm hat Gott uns angenommen.

Kaum zu glauben! Nicht zu fassen! Ein Geschenk des Himmels.

Hat das etwas mit dem Leben zu tun? Und ob! Wir wissen doch, was das bedeutet, ob ein Kind von den Eltern angenommen ist oder nicht. Das ist lebensentscheidend. Ahnen Sie, was das heißt, ob ich mich von Gott angenommen weiß oder nicht? Das ist lebensentscheidend. Das ist wie ein Vorzeichen vor der Klammer, es betrifft das Ganze.

Eine tiefsinnige Fabel erzählt von zwei Vögeln. Der eine liegt auf dem Rücken, die Beine starr gegen den Himmel gestreckt. Der andere Vogel fliegt vorbei, sieht das und fragt verwundert: „Was ist denn mit dir los? Warum liegst du auf dem Rücken und streckst die Beine so starr nach oben?" Der antwortet: „Ich trage den Himmel mit meine Füßen. Wenn ich sie zurückziehe, stürzt der Himmel ein." In diesem Augenblick löst sich in der Nähe ein Blatt vom Eichenbaum und fällt leise raschelnd zu Boden. Erschrocken dreht sich der Vogel um und fliegt – so schnell er kann – davon. Der Himmel aber bleibt an seinem Ort.

Es ist ein himmelweiter Unterschied, ob man sich getragen weiß oder nicht. Wenn nicht, dann bildet man sich schließlich ein, man müsse sich selbst und die Welt und den ganzen Himmel tragen, und schließlich erschrickt man vor einem Blatt zu Tode und nimmt Reißaus. Wer weiß, daß der Himmel trägt, der kann sich ihm überlassen, und er ist ganz frei in seinem Element.

Wir sind getragen, angenommen. Lange bevor eine Mahnung oder gar ein Befehl ergeht, darf ich mir das sagen und gesagt sein lassen: Du bist geliebt, du bist angenommen. Jeder von uns kann sich das sagen (und es ist gut, daß er das tut, daß er diese Wahrheit tief in sich hineinläßt): Ich bin angenommen. Wert und Anerkennung muß ich mir nicht selbst verschaffen; ich brauche sie mir nicht von anderen zu erbetteln oder zu erzwingen. Sie sind mir von Gott geschenkt. Ich bin ihm trotz meiner Grenzen und Erbärmlichkeiten liebenswert genug. Darum darf ich der sein, der ich bin. Ich brauche anderen und mir selbst nichts vorzumachen. Ich darf mich annehmen, ohne rot zu werden, ohne Wehleidigkeit und Selbstbemitleidung. Wer sich selbst madig macht, wird kaum einen anderen annehmen und erst recht nicht bei sich aufnehmen können. Wer sich selbst nicht riechen kann, ‚stinkt' auch den anderen.

Wir sind von Gott angenommen. Das ist das erste und wichtigste. Alles weitere kommt von dorther. Als Angenommene können wir einander annehmen. Als Getragene können wir einander tragen.

Darum nehmt einander an

Einander: einer den anderen. Der andere hat viele Namen. Die kann ich gar nicht alle aufzählen. Sie werden Ihnen schon einfallen, wenn Sie den Ruf nur tief genug in sich hineindringen lassen, bis dorthin, wo die Entscheidungen fallen, zum Beispiel darüber, ob ich die Hand zur Faust balle oder sie öffne. Mit der geballten Faust kann man niemanden annehmen.

Der andere hat viele Namen. Einige möchte ich ausdrücklich nennen:

Den Spanier in Ihrer Nachbarschaft oder den Türken. Wie denken Sie darüber? Sagen Sie. „Ausländer raus!", oder öffnen Sie ihnen Ihre Tür. In unserem Reden und Verhalten entscheidet sich, ob der ausländische Nachbar ein Fremder bleibt oder angenommen ist, ob er in unseren katholischen Gemeinden zu Hause sein kann.

Nehmt einander an. Der andere, das kann jemand

sein, der einen Ausbildungsplatz sucht. Und nun sagt ein Chef: „Komm her, ich stell' dich ein. Es ist zwar schwierig, eigentlich sind alle Plätze besetzt – trotzdem, ich nehme dich an." Was da passiert? Da ist nicht mehr die wirtschaftliche Rentabilität allein maßgebend, sondern der junge Mensch und seine Zukunft.

Nehmt einander an. Der andere, der hier gemeint ist, kann ganz dicht neben mir leben, unterm selben Dach, in derselben Familie, hautnah. Für die Kinder können das die Eltern sein und für die Eltern die Kinder. Nehmt einander an: Dazu braucht man gar nicht viele Dinge. Die Hand muß offen und leer sein, und das Herz voll. Vielleicht sind unsere Hände mit viel zu vielen Dingen besetzt, und dann überschütten wir die Kinder mit allen möglichen Sachen und halten sie uns damit buchstäblich vom Leibe, statt daß wir sie (mit unseren leeren Händen) in den Arm nehmen. – Nehmt einander an. Nehmt das Leben an, das neue Leben. Annehmen ist das Gegenteil von abtreiben.

Der andere, um den es hier geht, das kann der sein, der anders denkt, etwa in Sachen Frieden. Muß der Streit um den Frieden immer unversöhnlicher werden? Muß das so sein, daß wir mit Schlag-Wörtern wie mit Schlag-Waffen aufeinander losgehen?: „Na klar, auch so ein linker Spinner, lange Haare, Bart, dreckig…" Oder umgekehrt: „Die rechten Militaristen, die Leute in Uniform, die wollen Blut sehen, die sind für den Krieg…" Wer so denkt und redet, läßt die Rolladen herunter und hält sich die Fragen der anderen vom Leib. Seine Hand ist zur Faust geballt, nicht offen.

Könnte nicht in unserem Gemeinden ein anderes Klima herrschen, so daß sogar Menschen aus der Friedensbewegung mit Soldaten ins Gespräch kommen. Vielleicht haben sich beide etwas zu sagen, vielleicht haben beide etwas zur Sache zu sagen. Wissen wir denn so genau, wo sich der Geist zum Frieden regt und wo nicht? Nehmt einander an... Annehmen ist etwas anderes als vereinnahmen. Annehmen heißt: den anderen ernst nehmen. Ich muß nicht seine Meinung annehmen, ich muß nicht Soldat werden, um den Soldaten zu akzeptieren. Aber es müßte doch möglich sein, daß jemand aus der Friedensbewegung einem Soldaten hier im Gottesdienst den Friedensgruß gibt. Und umgekehrt auch! Das müßte doch möglich sein, unter Christen.

Im Zeichen des Kreuzes

Nehmt einander an... Das Symbol, das unter dem Leitwort steht, ist das Kreuz mit den beiden offenen und leeren Händen, die zueinanderfinden – fast wie eine Krone, wie eine Dornenkrone. Nehmt einander an... – das ist etwas anderes als „Seid nett zueinander..." „Nehmt einander an, wie Christus uns angenommen hat." Kreuz und Dornenkrone – so hat er uns angenommen. Er hat sich gebeugt unter die Last der anderen, unter unsere Last. Er hat den „letzten Menschen" nicht die kalte Schulter gezeigt, sondern sie auf seine Schultern genommen. Er hat sie getragen und ertragen.

Ertragen, dieses Wort hat heute keinen guten Klang. Veränderung ist Trumpf. Vieles ist zu ändern, und es ist gut, daß es geändert wird. Aber es gibt Dinge, die sich nicht ändern lassen. Es gibt Verhältnisse in uns und um uns, die kaum zu ändern sind. Vielleicht haben wir das in dem Änderungstaumel der letzten Jahrzehnte ganz verlernt oder verdrängt, daß es Unabänderliches gibt: Krankheit, Gebrechlichkeit, physisches und psychisches Elend. Da muß man sich bücken, tief bücken, die Last auf sich zu nehmen.

Wir haben alle möglichen Dinge erfunden, die uns die Last vom Leibe halten können: Institutionen, Ämter, Apparate, Verwaltungen. Sie schieben sich zwischen uns und den anderen Menschen und verhindern schließlich das allerwichtigste: daß wir uns ihm zuwenden und ihn annehmen und uns dabei selbst nicht zurückhalten. Dazu braucht man keine Mittel und Apparate, sondern eine offene Hand und ein offenes Herz. Nehmt einander an.

Manche sagen: „Die Welt ist nicht mehr zu retten, drum rette sich, wer kann..." Das Evangelium sagt: „Gott hat die Welt so sehr geliebt, daß er seinen einzigen Sohn hingab..., damit die Welt durch ihn gerettet wird" (Joh 3, 16 f). Wir sind von Gott bejaht, im Namen Jesu Christi, wie können wir uns da untereinander verneinen! Wir sind von Gott angenommen, darum nehmt einander an!

„Keiner lebt für sich allein"

Schrifttext: Röm 14, 7–9

„Keiner lebt für sich allein", so steht es über diesem Tag und über der Kreuzwoche. Das ist ein Wort. „Keiner – für sich allein!" Stimmt das? Offenbar gibt es doch viele Menschen, die für sich allein leben, leben müssen. Das ist gar nicht zu übersehen.

Alleinsein – vielfache Erfahrung

Allein sein – sogar in der Kirche: Diaspora. Bei den Firmungen im Sommer im Bezirk Lahn-Dill-Eder habe ich das gehört: Wir fühlen uns nicht selten allein gelassen.

„Keiner lebt für sich allein?" Die Wirklichkeit sieht anders aus.

Auch in unserer Gesellschaft! Die Sprache verrät uns: „Alleinstehende" sagen wir. Was heißt das? Über zwölf Prozent der Bundesbürger sind Alleinstehende. Ihre Zahl wächst. In den Großstädten ist jeder fünfte alleinstehend. Was bedeutet das? In diesen Tagen schrieb mir eine Frau aus Frankfurt: „Samstag werde ich achtzig. Ich bin allein, verlassen. Die Tränen sind oft mein Begleiter. Denken Sie am Samstag an mich! Und schreiben Sie mir mal!" – „Keiner lebt für sich allein?" Die Wirklichkeit sieht anders aus.

„Alleinerziehend." Jeder von uns weiß, was das heißt: zerbrochene Beziehungen, enttäuschte Hoffnungen, verlassen, oft mutterseelenallein! „Keiner lebt für sich allein?" Die Wirklichkeit sieht anders aus.

Alleinstehende, Alleinerziehende, Alleinlebende, Alleinwohnende... Es sind noch viel mehr Menschen, für die dieses Wort „allein" Realität ist, oft *die* Realität des Lebens.

Es gibt ein Schauspiel von Samuel Beckett: „Glückliche Tage". Die Hauptdarstellerin (Winnie) ist eine Frau von fünfzig Jahren. Im ersten Akt ist sie bis zur Taille in Sand eingegraben. Aber sie funktioniert noch. Sie putzt sich die Zähne, macht sich die Haare zurecht, kramt in ihrer Handtasche, holt den Schmuck heraus, bedauert ihren Mann, redet und redet. Im zweiten Akt ist der Sand gestiegen bis zum Hals. Sie kann den Kopf nicht mehr bewegen. Aber sie redet weiter – ein Gerede, das sich selbst bestätigt, aber niemanden mehr trifft, niemanden mehr erreicht. Ohne Du geht das Ich verloren. Das ist Realität heute. Alle möglichen Dinge umgeben uns wie Sand und schnüren uns schließlich ab. Mitten im Luxus die Verarmung der Beziehungen. Immer mehr

Verbindungen gehen in die Brüche. „Keiner lebt für sich allein?" Die Wirklichkeit sieht anders aus.

„Keiner lebt für sich allein, und keiner stirbt für sich allein." Kann man das heute sagen? „Keiner stirbt für sich allein?" Dieses Leben, von Sand umgeben bis zum Hals, mit dem ständigen Gerede, das niemanden mehr erreicht, das ist wie ein Tod auf Raten, ein Tod mitten im Leben.

„Keiner stirbt für sich allein?" Wie sieht die Realität aus? In den Krankenhäusern? Ich habe vor einiger Zeit einen Vortrag gehalten „Sterben im Krankenhaus" und darauf hingewiesen, daß viele allein sterben. Anschließend meldete sich eine Krankenschwester und sagte: „Gut, das trifft zu, aber das ist eigentlich nicht unser Problem. Was ich immer wieder erlebe, ist dies, daß die Angehörigen zunächst noch kommen, wenn da jemand im Krankenhaus liegt. Solange es ihm gutgeht, wird er gern besucht. Aber nachher, wenn es auf das Ende zugeht, dann nehmen die meisten Reißaus, dann sieht man kaum noch Angehörige." Sterben, allein. „Keiner stirbt für sich allein?" Die Wirklichkeit sieht anders aus.

Die entscheidende Veränderung

„Keiner lebt für sich allein." Was machen wir mit diesem Wort? Stimmt das? Oder müssen wir es durchstreichen? Oder vielleicht verändern wir es: streichen das „keiner" durch und sagen: ‚Jeder lebt für sich allein!' Das ist ein Stück Realität; es lohnt sich, darüber nachzudenken. Aber vielleicht sind wir nicht so hart, streichen das „keiner" durch und sagen: ‚Mancher lebt für sich allein.' So sieht es doch aus, das ist die Wirklichkeit.

Ist das die ganze Wirklichkeit? Gibt es andere Wirklichkeiten? Allerdings, die gibt es! „Keiner lebt für sich allein": Vieles spricht gegen diesen Satz, eines spricht dafür: Jesus Christus. Von ihm lebt dieser Satz. Weil er wirklich ist, weil er für mich *die* Wirklichkeit ist, darum bekenne ich: „Keiner lebt für sich allein, und keiner stirbt für sich allein. Leben wir, so leben wir dem Herrn, sterben wir, so sterben wir dem Herrn. Ob wir leben oder ob wir sterben, wir gehören dem Herrn." Die Wirklichkeit, von der dieses Wort des Paulus lebt, ist keine andere als der Herr. Ohne ihn können wir den Satz vergessen.

Aber mit ihm ändert sich etwas. Da ändert sich Entscheidendes. Das kann man an der Sprache merken (die Sprache ist Zeichen für die Wirklichkeit). Da ändert sich dies: da steht dann nicht mehr „für sich allein". das „für" bekommt eine andere Richtung: „für den Herrn". Das ist die Wende, die kopernikanische Wende in der Welt und in unserem Leben.

„Keiner lebt für sich allein." Er, der Herr, hat das Alleinsein erfahren. Er hat unsere Wirklichkeit geteilt. „Er kam in sein Eigentum, aber die Seinen nahmen ihn nicht auf." Und in der Nähe des Kreuzes, das wir verehren, steht im Evangelium der Satz: „Da verließen ihn seine Jünger und flohen." Er hat erfahren, was das heißt: allein, verlassen. Aber er hat es nicht durchlebt „für sich", sondern „für uns". Er ist seinen Tod nicht gestorben „für sich allein", sondern „für uns" – „für euch und für alle". So ist er uns nahegekommen im Leben und im Sterben, nahegekommen und nahegeblieben.

Eine neue Gemeinschaft

Wer das als *die* Wirklichkeit seines Lebens anerkennt und bekennt, für den ändert sich etwas. Der kann nicht mehr für sich allein dahinleben, so vor sich hin. Der weiß: Was immer kommen mag, eines steht: Er steht an meiner Seite, er bleibt mir nahe, er läßt mich nicht allein.

Weil ich mich von ihm angenommen weiß, weil er mich nicht allein läßt, darum kann ich auch andere nicht allein lassen. Dann gilt nicht mehr: ‚Jeder ist sich selbst der Nächste. – Rette sich, wer kann!' Dann gilt für mich: „Keiner lebt für sich allein." Dann gilt nicht mehr für uns als Gruppe: ‚Gleich und gleich gesellt sich gern', und die anderen können uns gestohlen bleiben, die Alleinstehenden und Alleinerziehenden! Dann gilt vielmehr: „Keiner lebt für sich allein", keiner darf für sich allein leben. Dann werde ich alles tun, was in meinen Kräften steht, um die Gettos um uns herum aufzubrechen in unserer Gettogesellschaft. Dann werde ich alles tun, was in meinen Kräften steht, damit Gemeinde Jesu Christi Gemeinschaft wird, eine neue Gemeinschaft, eine Gemeinschaft von Behinderten und Nichtbehinderten, von Gesunden und Kranken, von Lebenden und Sterbenden, von jungen und alten Menschen, von Arbeitsbesitzern und Arbeitslosen, von Einheimischen und Ausländern, eine neue Gemeinschaft von Katholiken hier in der Diaspora und Katholiken in stammkatholischen Gebieten, eine Gemeinschaft zwischen Katholiken hier in Deutschland und Katholiken in Afrika, in Lateinamerika, eine Gemeinschaft zwischen den Konfessionen.

„Für wen gehst du?"

„Keiner lebt für sich allein" – ein Traum? Ein Traum, der an der harten Wirklichkeit zerplatzt? Nein, es ist *die* Möglichkeit für den, für den Jesus Christus wirklich ist. Es gibt eine alte jüdische Geschichte, eine Alltagsgeschichte: Ein Rabbi geht abends spazieren aus der Stadt heraus in die Weinberge. Da trifft er auf einen Wächter, der seine Runden geht, um die Weinberge des Gutsherrn zu bewachen. Der Rabbi fragt ihn: „Für wen gehst du?" Der Wächter nennt den Namen des Gutsherrn, und er fragt zurück: „Und für wen gehst du?" Das Wort, so sagt die Erzählung, traf den Rabbi wie ein Pfeil ins Herz. Sprachlos stand er da, schließlich stotterte er: „Noch gehe ich für niemanden." – Für wen gehst du mit deinem Leben? Was ist deine Antwort? Wirst du sagen: Ich gehe für mich allein. Ich will auf meine Kosten kommen („Jeder ist sich selbst der Nächste'). Wirst du sagen: Noch gehe ich für niemanden? Für wen gehst du? Wer für den Herrn geht und sich auf ihn beruft, der kann weder für niemanden noch für sich allein gehen. „Keiner lebt für sich allein." Für wen gehst du, für wen lebst du?

Die Quintessenz gelebten Glaubens

Schrifttext: Mt 22,34–40

Eine unmißverständliche Frage

Aus dem Spätjudentum, der Zeit unmittelbar vor Jesus, ist uns folgende Geschichte überliefert: Ein Heide kommt zu einem jüdischen Gelehrten, zu Rabbi Schammai, und sagt ihm: „Ich will Jude werden, aber nur dann, wenn du mir den Inhalt des jüdischen Glaubens sagen kannst in der Zeitspanne, in der ich auf einem Bein stehen kann." Rabbi Schammai wird zornig: „Das ist eine Zumutung!" – Da er Zimmermann war, nimmt er seine Elle und jagt ihn weg.

Der Heide läßt sich nicht entmutigen. Er geht (wenn ich das so ausdrücken darf) zur Konkurrenz, zu dem anderen berühmten jüdischen Gelehrten, zu Rabbi Hillel. Er trägt ihm seine Bitte vor: „Ich möchte Jude werden, aber ich tue es nur, wenn du mir den Inhalt des jüdischen Glaubens sagst in der Zeitspanne, in der ich auf einem Bein stehen kann." – Hillel überlegt, und dann sagt er. „Was dir unlieb ist, das tue auch keinem anderen. In diesem einen Satz ist das ganze Gesetz zusammengefaßt. Alles andere ist nur Kommentar dazu."

Stellen Sie sich vor, dieser Mann würde heute zu einem christlichen Theologen kommen und ihn fragen: „Was ist das Wesen des Christentums? Ich möchte Christ werden, aber ich tue es nur, wenn du mir die Quintessenz christlichen Glaubens in der Zeitspanne sagen kannst, in der ich auf einem Bein stehe." – Was würde der Theologe antworten? Vielleicht: „Ich halte viele Semester darüber Vorlesungen, ich kann das unmöglich in so kurzer Zeit sagen!"

Stellen Sie sich vor, jemand käme zu Ihnen und würde Ihnen diese Frage stellen. Was antworten Sie?

Die authentische Antwort

Ist es unmöglich, die Frage zu beantworten? Es gibt eine authentische Antwort. Jesus hat sie uns gegeben: „Du sollst den Herrn, deinen Gott, lieben ..., du sollst deinen Nächsten lieben...!" Das ist es! Wer das tut, ist ein Christ. Daran hängt alles wie die Tür in der Angel. Wer liebt, ist ein Christ.

Das ist nicht neu, werden Sie sagen. Das ist uns ganz geläufig, das versteht sich. Christentum verbindet sich für uns alle mit Liebe, Nächstenliebe oder – wie wir heute sagen – Mitmenschlichkeit, Solidarität.

Ist das alles? Für viele ja; für viele hört das Christentum mit Solidarität und Mitmenschlichkeit auf. Für

Jesus nicht! Für ihn ist eben nicht alles gesagt und getan mit dem Satz: „Du sollst deinen Nächsten lieben wie dich selbst." Es heißt vorweg, an erster Stelle: „Du sollst den Herrn, deinen Gott, lieben…"

Gut, werden Sie sagen, das ist doch im Grunde dasselbe. Gottesliebe ist nur ein anderes Wort für Nächstenliebe. Gott begegnen wir im Nächsten, wo denn sonst? Den Nächsten lieben und Gott lieben, das ist eins.

Aber offenbar ist hier nicht nur eins gesagt, sondern zweierlei. Jesus hat nicht nur einen Satz gesagt, sondern zwei:

„Du sollst den Herrn, deinen Gott, lieben…"

„Du sollst deinen Nächsten lieben…"

Beides gehört zusammen, aber es ist nicht dasselbe.

Ein überraschender Zusammenhang

Kann man den Zusammenhang einsichtig machen, erfahren? – Zwei Menschen, die sich lieben, können sich fragen: Wie kommt das eigentlich, daß wir uns verstehen, daß wir einander vertrauen und lieben? Das ist ja nicht selbstverständlich, ganz und gar nicht. Es läßt sich nicht machen, mit Geld nicht und nicht mit guten Worten. Es läßt sich auch nicht erzwingen, weder mit dem Willen noch mit Gewalt. Es ist Geschenk, Gnade, der eine ist mit dem anderen beschenkt. Die Liebe hat sich ihnen geschenkt. Sie kommt nicht aus uns, sondern zu uns. Sie ist uns angeboten, wir können sie nur aufnehmen. Sie kommt aus einer Quelle jenseits unseres Wollens und Verfügens als Gabe zu uns. Dann will sie jedoch geschützt werden und wird zur Aufgabe. Die Quelle dieser Liebe nennen wir Gott.

Der entscheidende Unterschied

Von daher erweist es sich als gefährlicher Irrtum, die Gottesliebe in Nächstenliebe auflösen zu wollen, Gott in den Nächsten. Der Nächste kann doch nicht Gott sein! – Es ist sehr gefährlich, wenn man zum anderen sagt: ,Du bist mein ein und alles!' Das muß zur Enttäuschung führen, das kann der andere nicht halten. „Alles" ist er nicht. Es sind deutlich Grenzen sichtbar. Und vielleicht erfahren wir diese Grenzen nirgendwo so tief wie im Defizit unserer Liebe. „Du wärst bald am Ende mit mir, wenn ich nicht eins wäre mit dem, der keine Grenzen kennt" (Paul Claudel, Der seidene Schuh). Gott als die grenzenlose Quelle der Liebe.

Christentum bedeutet Nächstenliebe: „Du sollst deinen Nächsten lieben wie dich selbst." Aber wenn uns an dieser Nächstenliebe gelegen ist, dann sind wir gut beraten, den ersten Satz nicht zu vergessen: „Du sollst den Herrn, deinen Gott, lieben..."

VI

Zum Dienst gerufen

Das Risiko der Prophetenexistenz

Schrifttext: Jer 1,4–5.17–19; Lk 4,21–30

Das kommt wie gerufen: Hier die Feier der Bereit-
schaftserklärung und als Text des heutigen Sonntags die
Prophetenberufung. Das ist ein Wort für diesen Tag.
Doch Vorsicht!

Was ist das hier mit unserer Feier? Hat das vielleicht
mehr mit einer bürgerlichen Berufslaufbahn zu tun als
mit prophetischer Berufung? Prophetische Berufung
läßt sich nicht auf den kirchlichen Dienstweg festlegen.
So einfach können wir die beiden Situationen nicht zu-
sammenbringen. – „Ich bin bereit…" Wozu? Zum prophetischen Dienst? Der Ruf hat Konsequenzen! Möchten wir mit Jeremia zu tun haben? Wissen wir, worauf
wir uns einlassen?

Keine glatte Berufung

Der Berufungstext in unserer Perikopenordnung läuft
sehr glatt, zu glatt. Wichtige Sätze aus dem ersten Kapi-
tel bei Jeremia sind ausgelassen. Warum? Müssen wir
ausblenden oder abblenden, weil wir das volle Licht der
Wirklichkeit nicht ertragen?

Die Berufung läuft nicht glatt. Jeremia will nicht, er
sträubt sich mit Händen und Füßen. „Ach, mein Gott
und Herr, ich kann doch nicht reden, ich bin ja noch so

jung." Ein Sohn vom Lande; die Ausleger sagen, er sei etwa fünfundzwanzig Jahre gewesen.

Ich kann mir denken, daß manche von Ihnen ähnlich reagieren: Ich habe mir das anders gedacht mit meinem Weg. Ich tauge dazu nicht. „Ich kann ja nicht reden, ich bin noch so jung…" (oder zu alt). Angst: Was kommt denn da alles auf mich zu? Das geht doch weit über meine Kräfte. Die Berufung dient ja nicht etwa nur der eigenen Erbauung! Jeremia ist in eine bestimmte politische Situation gerufen.

Gott läßt den Einwand nicht gelten. „Sag nicht: Ich bin noch so jung. Wohin ich dich auch sende, dahin sollst du gehen, und was ich dir auftrage, das sollst du verkünden…" – Da wird nicht lange gefackelt. Was fangen wir damit an?

Hat Gott hier nicht einem Menschen den Lebensentwurf verdorben? Wie human ist Gott? In welchem Verhältnis steht diese Forderung zu den modernen Heilsworten Selbstverwirklichung, Selbstfindung, Selbstbestimmung? Hier werden wir Zeugen des Paradoxes, daß ein Mensch dadurch zu sich selbst findet, daß er in höchstem Maße sich fremdbestimmt erlebt! Aber stimmt ein solch steiler Satz überhaupt? Bezeugen die ‚Konfessionen' ihn nicht als todunglücklichen Menschen? Umgekehrt gefragt: Wie eng sind Selbstverwirklichung und Spießbürgertum miteinander verwandt?

Von Selbstverwirklichung reden wir zusammen mit der Sinnfrage. Ist mein Leben nicht doch erst sinnvoll, wenn es meine eigenen Interessen transzendiert?

Gott als Gegenüber

Die Gottesbeziehung ist die innere Achse der prophetischen Berufung. Gott als Gegenüber wie in einer ernsthaften zwischenmenschlichen Beziehung. Der Glaube ist kein Sinnkonstrukt zur Abstützung des eigenen Lebensentwurfes, sondern eine Beziehung, ein zugleich rettendes und konflikthaftes Gegenüber.

Was ist das für ein Leben? „Weh mir, Mutter, daß du mich geboren hast..." Jeremia hat sich mit Unverstand, Verleumdung, Ablehnung, Spott, Verfolgung herumzuschlagen. Oft steht er allein da, nur auf seinen Auftrag gestellt (vgl. dazu Lk 4), von erdrückenden Mehrheiten bedrängt und ins Abseits gestoßen, als Vaterlandsverräter und Wehrkraftzersetzer mißverstanden und verfolgt. Daß er, der sich viel lieber den Lachenden und Sorglosen zugesellt hätte, von Gott da festgehalten wird, wo er ihn hingestellt hat, treu und unerbittlich: „Jene sollen sich dir zuwenden, du aber wende dich ihnen nicht zu" (15, 19). So, hinausgehalten aus der Geborgenheit, als einer, der weder in sorgloser Zufriedenheit noch im Tod Erlösung findet, existiert Jeremia. Die Verfolgung, zumindest das Leiden an der Großkirche, gehört zu ihm. Dem Risiko der Prophetenexistenz entspricht das Risiko, sich auf die Propheten einzulassen. Man kann auch an einen Schwätzer geraten. Der Erfolg weist nicht den Propheten aus, eher schon das Leiden an der Wahrheit. Zum Propheten gehört das hellsichtige Wissen um das Elend der Menschen, die Not der Welt. Ich kenne Dichter, Künstler, Publizisten, bei denen ich die Elemente des Prophetischen zu erkennen meine. Sie decken auf, was der Durchschnittsbürger oft nur dunkel empfindet.

Gott meines Lebens

Wenn wir über die Weise, wie Gott mit Jeremia spricht und ihm widerspricht, erschrecken, müßten wir uns daher zunächst fragen, ob Gott für uns bislang doch noch immer dieses daseinsüberhöhende Sinnkonstrukt ist und noch nicht der Gott, von dem der Glaube erzählt: der lebendige Gott, der etwas wissen und wollen kann, was der Mensch von sich aus nicht schon weiß und will. Die Schmerzhaftigkeit dieses Gegensatzes ist (wie der Schmerz im Organismus) ein Erweis dafür, daß wir es wirklich mit einem Gegenüber zu tun haben und nicht nur mit uns selbst, unseren ins Unermeßliche hinausprojizierten eigenen Wunschvorstellungen. Die Reibung, die entsteht, wo der Mensch sich an Gottes Anspruch „reibt", ist der Preis, den der Glaube dafür zahlen muß, daß er sicher sein darf, es nicht nur mit einem selbstfabrizierten Götzen zu tun zu haben.

Habe ich nur „christliche Anliegen" und „christliche Werte" zu vertreten, oder vertrete ich sie, weil ich in einer Beziehung lebe, die mir über alles kostbar ist? Post Christum natum läßt sich das Problem auf die Frage zuspitzen: Rede ich von Jesus, praktiziere ich Jesu Umgangsstil, arbeite ich im Geiste Jesu, oder kann ich auch (gelegentlich) mit ihm sprechen? Gibt es einen Anspruch Jesu an meine Biographie?

„Mein Erlöser, ich habe jetzt genug davon, über das Problem nachzudenken und zu diskutieren, das du für uns darstellst. Ich habe genug gelesen, genug gehört, genug geredet. Ich würde mich dir jetzt gerne einfach nähern. Laß mich die Bücher schließen. Zwischen uns soll nichts mehr sein. Laß mich zu dir kommen. Gib, daß ich mich versenke, vertiefe in deine Gegenwart. Dein Herz allein spreche zu meinem Herzen" (Ostkirchliches Mönchsgebet, Chevetogne).

Nur wer Gottes Anspruch auch als Gegensatz zu den eigenen Bedürfnissen erfährt und ihm – gegen die Angst des eigenen Herzens – gehorcht, glaubt wirklich. Solcher Glaube bewegt Berge, das heißt: verändert Biographien. Um solchen Glauben wirbt Jesus.

Zu unseren Gunsten

Gottes Vorsprung! Aber er spielt seinen Vorsprung nicht gegen uns aus, er handelt zu unseren Gunsten, in unserem Interesse. „Fürchte dich nicht vor ihnen; denn ich bin mit dir, um dich zu retten..." Von Gott gehalten: Ich bin bei dir! „Noch ehe ich dich im Mutterleib formte, habe ich dich ausersehen..."

Gottes Zusage steht vor unserer Entscheidung! Das große Abenteuer dieses Lebens mit Gott. Rettung im Untergang. Ostern!

La part de Dieu – Der Part Gottes

Schrifttext: 1 Kor 7,29–31; Mk 1,14–20

Musik, die mitnimmt

Sie alle kennen wohl den bekannten Geiger Yehudi Menuhin. Er hat Lebenserinnerungen geschrieben und sie „Unvollendete Reise" genannt. Darin denkt er an einer Stelle über die Interpretation eines Musikstücks durch den Spieler nach. Er schreibt: „Im Idealfall würde man eine Passage gleichmäßig spielen und gerade soviel Unregelmäßigkeiten zulassen, daß ein Element der Lebendigkeit spürbar bleibt; sich auf das beschränken, was man vielleicht *la part de Dieu,* den Teil Gottes, nennen kann – jene Nuance, von der jede Aufführung fast unbewußt bestimmt ist."

La part de Dieu – Gottes Part. Die Noten, die Partitur in ihrer Bedeutung – das ist klar. Sie sind so exakt wie möglich zu spielen; und doch braucht es jenen Spielraum, der mit allen Noten und Zeichen und allen Instrumenten nicht zu machen ist und den wir doch durchlassen dürfen in unserer eigenen Lebendigkeit – Gottes Part. Davon bekommt jede Musik ihre Strahlkraft.

Vielleicht hat jeder hier das schon erlebt: ein Konzert oder eine Musik, die ihn so mitnahm, daß er hingerissen war über sich selbst hinaus und ahnte, daß es noch mehr gibt, über den Rand der Noten und alles Sichtbare hinweg, mehr: la part de Dieu – Gottes Part. Vielleicht haben wir irgendwo – oder besser: nicht irgendwo, sondern wir können ganz bestimmte Orte damit verbinden, mir geht es so – Erlebnisse, von denen wir das sagen können; die Sternstunden, an die man sich noch lange erinnert.

Gottes Part hat einen Namen

La part de Dieu – Gottes Part im Konzert der Welt! Gottes Part hat einen Namen, einen ganz bestimmten Namen: Jesus. Er ist der Bote des Evangeliums Gottes, der Spieler, der den Part Gottes spielt wie keiner sonst – in jener Sternstunde der Menschheit, in der sich die Zeit erfüllte. Die Fülle der Zeit, der Kairos ist unlöslich mit seinem Namen verbunden. Eigentlich ist er nicht mehr nur Part Gottes, nicht ein Teil, nicht ein Stück nur, sondern ganz Gott – Gott selbst. Nicht nur etwas von ihm, sondern er selbst. In der Ankündigung des Reiches, das in ihm da ist – Gott selbst, Gottes Reich! Gottes Part in dieser Welt – Jesus Christus.

Das erste, was er bei seinem Auftreten nach Markus (Mk 1,14–20) tut: Er bleibt nicht allein. Er ruft andere, daß sie den Part mitspielen, seinen Part. Er ruft nicht Einzelkämpfer, sondern Simon und Andreas, Jakobus und Johannes. Er ruft sie paarweise, zu zweit, und dann zu viert, und zu sechs und zu zwölf und weiter zu siebzig, damit die Symphonie hörbar wird. Sie soll in der Welt erklingen, in der der Part Gottes durchkommt.

Den Part mitspielen

Ein verlockender Ruf! Allerdings müssen die, die er in seine Gemeinschaft einlädt, die er in seine Nachfolge ruft: „Kommt mit – mir nach!", manches lassen: nicht nur, aber auch ihre Netze, ihr Handwerkszeug, auch ihren Vater, auch die, mit denen sie am See tätig waren und die Fische fingen, die Mitarbeiter. Wenn man sich ganz darauf einläßt, mit ihm den Part Gottes zum Klingen zu bringen, kann man nicht alles andere auch noch mitnehmen und tun, kann man nicht alles andere so laufen lassen, dann muß man schon auch einiges lassen, und am Ende *sich selbst* lassen.

„Das Reich Gottes ist nahe gekommen" (Mk 1,15). Es ist ganz eigenartig, daß mit der Nähe des Reiches Gottes auch eine innere Distanz deutlich wird in diesem Wechselspiel von Nähe und Distanz, das unser ganzes Leben durchzieht, das Lassen. Paulus spricht davon ausdrücklich in der Lesung (1 Kor 7,29–31): kaufen, als wäre man nicht der Eigentümer; haben, als hätte man nicht!

Ein Vorbehalt in allem. Die Dinge sind es nicht; alle Dinge in Ehren, aber alles sind sie nicht. Mein ein und alles – sie sind es nicht. Nicht einmal der Mensch, nicht einmal der andere Mensch. Nicht nur die Dinge, sagt Paulus, nicht einmal der andere Mensch sind mein ‚ein und alles', die letzte Erfüllung. Die Nähe des Reiches Gottes bringt eine neue Wertordnung – und eine eigenartige Kombination: die Nähe des Reiches Gottes und das Lassen! Auch das Lassen, das ins Fleisch schneidet. Und das Wissen, daß Gott auch weh tun kann.

Aber wenn man sich ganz darauf einläßt, ganz mit *ihm*

den Part Gottes spielen möchte, erklingen lassen möchte, dann muß man sich wohl selbst hingeben, mit der ganzen Lebendigkeit, sich ganz reingeben. Sich hingeben, nicht nur etwas, sich selbst.

Was wäre das, wenn das bei uns so durchkäme, wenn wir das durchlassen könnten, wir, die Priester! Wenn man das wenigstens ahnte in der Begegnung mit uns! Wenn das in dem, was wir tun, durchkäme: la part de Dieu! Eine Ahnung davon.

Spielraum eröffnen

Isaak Stern, ein Amerikaner, auch ein Musiker, war einige Zeit nach der Kulturrevolution nach China eingeladen und sollte dort das neu beginnende Musikleben kennenlernen und beurteilen. Als er schließlich die Einladung annahm, hat er zur Bedingung gemacht, daß er das, was sich ihm da darbietet, filmen dürfe. Er hat tatsächlich einen Film drehen lassen. Man kann ihn sehen. Ein Freund von mir hat ihn gesehen und mir davon erzählt. Ein eigenartiger Film sei es, sagt er. Ein Film, in dem man spürt – so wie er es mir erzählt hat –, daß alles perfekt dirigiert und ausgeführt wird, und doch klingt es nicht. Es ist so, als komme das Letzte nicht durch. Jener Raum, jener Spielraum, der letztlich durch Noten und Zeichen nicht zu vermitteln ist – nur durch Hingabe. La part de Dieu!

Wenn ich vor einem, was die Entwicklung der Kirche betrifft, Angst und Sorge habe, dann ist es nicht so sehr allein, daß wir nicht genügend Priester hätten, obwohl ich mir mehr wünsche; nicht allein, daß wir mehr Menschen in unsere Gottesdienste bekommen, obwohl ich mir auch da mehr wünsche – mir, uns, Ihnen, den Menschen, sondern dann ist es der Gedanke, es könnte so sein, daß wir im großen Konzert unserer bundesrepublikanischen Kirche schließlich solch ein Orchester darstellen, wie es von China im Film gezeigt wird. Ein Orchester, das alle Noten beherrscht und exakt spielt mit perfekter Apparatur. Aber wenn jener Spielraum nicht bleibt, daß *Er* durchkommt – la part de Dieu –, was soll dann alles!

Bei allem, was wir tun, uns auf den Dienst in der Kirche Jesu Christi vorzubereiten und diesen Dienst in seiner Nachfolge zu tun – so schlecht und recht, wie wir sind: wenn wir nicht eine Ahnung davon haben und wenn wir diese Ahnung in uns nicht nähren, sollten wir lieber die Hände davon lassen. La part de Dieu!

Das ist das entscheidende Kriterium: Daß *Er* bei allem, was wir an notwendigen Noten und Partituren haben – natürlich geht es ohne sie nicht, natürlich ist das wichtig, daß wir uns auf diesen Klaviaturen auskennen –, durchkommt, daß dieser Spielraum eröffnet wird, darum geht es. Das andere hat die Welt auch. Deswegen braucht sie unseren Part, weil er der Part Gottes ist, la part de Dieu.

„Mein Herz ist bereit"

Wenn Sie gleich Ihre Bereitschaft, Priester zu werden, erklären und darin angenommen werden, wozu denn anders als dazu! Hoffentlich können wir, Sie und wir alle, einstimmen in den 57. Psalm:

> „Mein Herz ist bereit, o Gott,
> mein Herz ist bereit,
> ich will dir singen und spielen.
> Wach auf, meine Seele!
> Wacht auf, Harfe und Saitenspiel!

Ich will das Morgenrot wecken.
Ich will dich vor den Völkern preisen, Herr,
dir vor den Nationen lobsingen" (Ps 57,8–10).

Das Morgenrot in der Nacht, das Morgenrot wecken.
Singend und spielend auf der Harfe. Die Harfe tragen
nach der Geheimen Offenbarung (Offb 15,2) die Zeugen
Gottes in dieser Welt in ihren Händen. Und auf diesen
Harfen: la part de Dieu. Auf diesen Harfen kündigen sie
das Morgenrot an, das Evangelium Gottes, den Part
Gottes: Jesus Christus.

Autorität des Dienstes
Schrifttexte: Röm 12,1–8; Lk 22,24–27

Angleichung – wohin?

Sie haben Mut! Nicht nur, weil Sie diesen Schritt tun,
sondern auch, weil Sie diese Schrifttexte für den Gottesdienst gewählt haben. Eigenartig, diese Mahnungen:
Macht's nicht wie die Herren der Welt ... so nicht, sagt
Jesus. Und in der Lesung: „Gleicht euch nicht dieser
Welt an ..."
  Merkwürdig. Haben wir's nicht ganz anders in den
Ohren? Aggiornamento hat es geheißen, Anpassung an
die Zeit. Paßt euch an! Wir Christen wollen doch Leute
von heute sein, nicht von gestern. Wir sind auf der Höhe
der Zeit, wir versuchen, die Zeichen der Zeit zu sehen,
„in" zu sein. Das ist wichtig. Aber wenn das alles ist?!
Wenn wir so angepaßt sind, daß wir nur noch das machen, was alle anderen auch tun? Wenn wir schließlich
mit heraushängender Zunge den Trends und den herr-

schenden gesellschaftlichen Erwartungen nachjagen und gequält rufen: Wir auch, wir auch! Dann erübrigt sich das ganze. Die Welt braucht keine Verdoppelung ihrer Einsichten und Ratlosigkeiten durch die Kirche. Das sollten wir ihr und uns ersparen. Sie braucht die Alternative des Glaubens. Nicht, weil alternativ heute chic ist, sondern weil das Evangelium uns zu alternativem Verhalten ermuntert. „Gleicht euch nicht dieser Welt an …", gleicht euch Jesus Christus an!

Die Krise des kirchlichen Lebens beruht letztlich nicht auf Anpassungsschwierigkeiten gegenüber unserem modernen Lebensgefühl, sondern auf Anpassungsschwierigkeiten gegenüber Jesus. Haben wir ihn nicht allzusehr uns angepaßt, statt daß wir uns ihm anpassen? Haben wir ihn nicht wie ein Feuer abgedeckt, damit der Funke ja nicht überspringt?

„Gleicht euch nicht dieser Welt an …", gleicht euch Jesus Christus an!

Neue Verhältnisse

Wie denn? Die Antwort ist eindeutig: „Die Könige herrschen über ihre Völker, und die Mächtigen lassen sich Wohltäter nennen. Bei euch aber soll es nicht so sein, sondern der Größte unter euch soll werden wie der Kleinste, und der Führende soll werden wie der Dienende …"

Wo die Herrschaft Gottes gilt, da fällt die Herrschaft von Menschen über Menschen. Was gilt, ist die Autorität des Dienstes. Jesus hat sein Amt als Diakonie verstanden. „Der Menschensohn ist gekommen, nicht um sich bedienen zu lassen, sondern um zu dienen und sein Leben hinzugeben als Lösepreis für viele." Es ging Jesus nicht um seine eigene Position, sondern um uns. Er fragte nicht: Was hab' ich davon? Was springt dabei heraus? Er sagte: Für euch und für alle. Er ließ nicht andere für sich sterben, er starb für die anderen. Das ist seine Alternative, sie steht im Zeichen des Kreuzes. Die übliche, eigensüchtige Herrschaft im Streit um die Ränge, in der auch die Jünger befangen sind, ist durchkreuzt durch die Autorität des Dienens. Das schafft neue Verhältnisse.

Heute geht es um das Amt des Diakons! Amt bedeutet Dienst, weil Jesus selbst seine Sendung so verstanden hat – als Dienst, der sich in der Hingabe seines Lebens „für viele" verschenkt. Hier ist der Ursprung des Amtes. Seine Wurzel ist die christologische Begründung! Wie denn sonst! Auf dem Boden des Kreuzes ist das Amt in der Kirche gegründet. Seine eigentliche Legitimierung erlangt das kirchliche Amt durch den Vollzug des Dienstes in der Nachfolge Jesu.

Was soll sich ändern?

Welche Konsequenzen hat das „bei euch aber soll es nicht so sein ..."? Was soll sich ändern? Die innere Haltung? So kann man es oft lesen und hören: Autorität in der Kirche sei zwar an die üblichen Formen gebunden, man müsse sie aber in der Gesinnung des Dienens ausüben. Damit ist die Aussage des Evangeliums nicht erfaßt. Jesus hat uns nicht durch seine Gesinnung erlöst, er hat „sein Leben hingegeben als Lösegeld für viele". Nachfolge erschöpft sich nicht im Nachsinnen. Man muß sich auf den Weg machen zu einem neuen Verhalten, zu einer neuen Praxis. Gleich wird Ihnen die Frage gestellt: „Seid ihr bereit, den Armen und Kranken beizustehen, Heimatlosen und Notleidenden zu helfen?" Die Antwort: „Ich bin bereit." – Welche Konsequenzen hat dieses Versprechen in unserem Dienst? Sind wir nur „grundsätzlich" für die Armen und Notleidenden, oder tatsächlich? Wen besuchen wir? Wer sind unsere Gäste? Haben wir Freunde unter den Armen, oder begegnen wir ihnen nur im Fernsehen?

Gottesdienst mit Hand und Fuß

Anpassung an Jesus Christus! Wie denn? Ich ermahne euch, „euch selbst als lebendiges und heiliges Opfer darzubringen, das Gott gefällt; das ist für euch der wahre und angemessene Gottesdienst". Gottesdienst – wir denken an Sonntagmorgen. Gut, der Gottesdienst am Sonntagmorgen ist wichtig. Aber Paulus geht es hier nicht nur darum. Er mahnt, daß „wir uns selbst als lebendiges und heiliges Opfer darbringen".

Opfer, nicht nur Opferkerzen oder Geld. Wir selbst als Opfer. Einsatz des Lebens! Das ist der Preis für diesen Gottesdienst. Da kann ich mich nicht heraushalten. Da bin ich selbst gefragt. Wer sich selbst zurückhält und nur etwas gibt, hält das Kostbarste seines Herzens zurück. Dieser Gottesdienst hat Hand und Fuß, er schneidet ins Fleisch.

Lebenserfüllung

Können wir das wagen? Können wir diesen Einsatz unserer selbst verantworten? – Hier ergeht kein Befehl, hier wird nicht auf die Pauke gehauen. Die Mahnung ergeht angesichts „des Erbarmens Gottes". Gott läßt bitten, er lädt ein. Gottes Erbarmen steht vor unserer Entscheidung. Davon können wir ausgehen. Von Gott getragen, können wir uns anderen zuwenden. Das Leben wird dann erst sinnvoll, wenn es die eigenen Interessen übersteigt. Nicht Lebensflucht, sondern Lebenserwartung. Darin findet das Leben seine Erfüllung. Man rettet nur, was man gibt.

„Gleicht euch nicht der Welt an ..." Amt des Diakons! Gottesdienst mit Hand und Fuß.

„In Sehnsucht suche ich dich ..."

Schrifttext: Jes 40, 1–10
Bild von W. Habdank: In Erwartung

Ein seltsames Bild: Menschen auf einem Gerüst, hoch über der Stadt, in unbequemer Lage, riskant. So verschieden die zerfurchten Gesichter sind, eins verbindet sie: sie schauen gespannt, voll Erwartung, über die Stadt und über sich selbst hinaus, den Kopf nach vorn, die Nase im Wind (im Gegenwind!), mit großen Augen. Ist jemand in Sicht? Ist etwas in Sicht? Ist nichts in Sicht?

Es gibt eine Geschichte von zwei schiffbrüchigen Männern, die auf dem Ozean treiben. „Nichts in Sicht!" ist das immer wiederkehrende Wort. „Nichts in Sicht!" Aussichtslos – die Situation vieler Menschen. Nicht die Situation der Menschen auf unserem Bild! Sie schauen weit nach vorn, sie haben Aussicht, über sich selbst hinaus. Sie sind gespannt wie eine Sehne, sehnsüchtig.

Die Sehnsucht nach dem ganz Anderen

Sehnsucht: Dieses Wort hat es in sich. Es spricht ganz eigene Seiten in uns an, das Gemüt, das Herz. Die Sehnsucht gibt dem Herzen Tiefe, sagt Augustinus („desiderium sinus cordis").

119

Sehnsucht – man denkt zunächst, das Wort hat sicher etwas mit „Suchen" zu tun. Aber es kommt nicht von „Suchen", sondern von „Siechen". Ein Kranksein, eine Verwundung, die sich in der Sehnsucht ausspricht. Ist das vielleicht eine Grundbestimmung des Menschen, daß er verletzt ist, eine offene Wunde trägt? Wie Jakob nach dem Kampf mit dem Engel ...

Was für eine Wunde, die sich in der Sehnsucht offenbart? Krankt der Mensch an den bestehenden Verhältnissen? In der Tat, viele leiden unter dem Unrecht in der Welt. Die Sehnsucht bricht auf, daß die Welt nicht so bleibe, wie sie ist. „Die Sehnsucht nach dem ganz Anderen", nach den Alternativen. Wer sehnt sich nicht danach, daß Unrecht überwunden wird. Aber ob die anderen Verhältnisse allein die Sehnsucht des Menschen erfüllen? Zweifel sind angebracht!

In einer Umfrage hat man jüngst die Frage gestellt: „Was ist Ihre tiefste Sehnsucht?" 88 Prozent gaben zur Antwort: „Ich möchte Menschen um mich haben, die ich lieben kann und die mich lieben." Erfüllt sich diese Grundsehnsucht? Viele sagen aus ihrer Erfahrung: Sie erfüllt sich nicht. Oder: Wenn es Stunden gibt, in denen sie sich erfüllt, dann bricht eine neue Sehnsucht auf, noch stärker: daß die Erfüllung bleibe, daß sie nicht vergehe. Alle Liebe will Ewigkeit.

Die offene Wunde Sehnsucht. Woher kommt das nur. Augustinus, der wie kaum ein anderer die Sehnsucht geliebt und gelebt hat, sagt: Das ist so, weil die Sehnsucht Gottes den Menschen zieht. Ein unerhörtes Wort: „Die Sehnsucht Gottes ist der Mensch." Gott steht wie der Vater im Gleichnis an der Tür seines Hauses und schaut sehnsüchtig aus nach dem Sohn in der Fremde. Von dieser Sehnsucht ist unser Herz getroffen, verwundet, unruhig, bis es in Gott zur Ruhe kommt.

Kaum zu glauben. Spürt man etwas davon? Lebt sich's nicht auch so ganz gut, ohne diese Sehnsucht? Vielleicht! Immer mehr Leute meinen das. Aber was wird aus dem Leben, wenn das gespannte Sehnen verlorengeht, wenn es sich an das erstbeste verliert und sich mit dem Nächstliegenden zufriedengibt? Streichen Sie das Sehnen der Sehnsucht durch – der Rest ist Sucht. Die Krankheit, in die sich der Mensch verrennt, wenn die Leidenschaft seiner Sehnsucht ihn nicht mehr über sich selbst hinausführt, sondern sich in sich selbst verkehrt. „Die eigentliche Sünde zerstört nicht die Gnade, sondern löscht die Sehnsucht nach ihr“, sagt Bernanos. Und am Ende heißt es dann: Nichts in Sicht, aussichtslos!

Zeuge der Sehnsucht

Die Menschen auf dem Bild haben Aussicht. Sie schauen weit nach vorn, über sich selbst hinaus, sehnsüchtig ausgespannt. Das ist *Ihr* Bild. So verstehen Sie sich, so sehen Sie Ihren Auftrag: „O Gott, mein Gott bist du, in Sehnsucht suche ich dich ...“ (Ps 63,2). Ausschau halten nach Gott, ihn suchen, mit leidenschaftlicher Sehnsucht, nicht wie ein Aufpasser, der schaut, daß ja nichts passiert, sondern „wie die Wächter auf den Morgen ...“ (Ps 130,6 f.); nicht wie ein Wissender und Besitzender, sondern wie ein Bettler, der dem anderen sagt, wo etwas Gutes zu finden ist.

> „Steig auf einen hohen Berg,
> erheb deine Stimme, fürchte dich nicht!
> Sag den Städten in Juda:
> Seht, da ist euer Gott!“ (Jes 40,9)

121

Das ist die Botschaft, die Sie verkünden dürfen. Nicht nur durch Ihr Wort, sondern durch Ihr Leben: „Seht, da ist euer Gott!" „Durch die Wüste bahnt einen Weg für den Herrn!" (Jes 40,3). Der Auftrag Ihres Lebens. Unter den Menschen, die denken: ‚Gott? – Wir haben ja alles! Was brauchen wir mehr?', dürfen Sie, mit Ihrer Existenz, wie ein Hinweis, ein Lebens-Zeichen sein, eine offene Frage: Das soll alles sein? Das kann doch nicht alles sein! Der Mensch ist zu groß, als daß er in sich selbst und in dem, was die Erde bietet, seine Erfüllung findet. In allem ist etwas zuwenig. Gott allein genügt!

Genau das möchte auch das Zeichen der Ehelosigkeit sagen. Die Sehnsucht ist zu groß, als daß sie sich im anderen Menschen letztlich erfüllt, sie ist auf den ganz Anderen ausgespannt. Der Bräutigam kommt noch. Die Ehelosigkeit ist ein Zeichen der Hoffnung in und an der Gemeinde. Das Entscheidende kommt noch. Es ist noch längst nicht aller Tage Abend. Der entscheidende ist im Kommen.

Wecke in ihnen die Sehnsucht ...

Bei Saint-Exupéry las ich diesen Satz: „Wenn du ein Schiff bauen willst, so trommle nicht Leute zusammen, um Holz zu beschaffen, Werkzeuge vorzubereiten, Aufgaben zu vergeben und die Arbeit einzuteilen, sondern wecke in ihnen die Sehnsucht nach dem weiten, endlosen Meer." Sind wir nicht in der Kirche viel zu sehr damit beschäftigt, Werkzeuge vorzubereiten und die Arbeit zu organisieren? Nicht, daß das alles überflüssig sei. Aber wenn das alles ist? Wenn sich unser Tun darin erschöpft? Wenn die Sehnsucht in uns nicht mehr lebendig ist? Was bleibt dann noch? Lassen Sie das Ihre größte Sorge sein, daß die Sehnsucht nach Gott nicht erlischt in Ihrem Leben. Das Gebet ist Einübung in die Sehnsucht, sagt Augustinus. Wie eine Sehne auf Gott hin ausgespannt – das ist das Spannende unserer Existenz. Und das sollte nicht den Einsatz des ganzen Lebens lohnen? Und ob!

Ein Fest der Erwählung

Schrifttexte: Eph 1,3–6.11–12; Lk 1,26–38

Erwählung Mariens, so wird dieses Fest (8. Dezember) genannt. Maria ist von Gott erwählt, die Mutter Jesu zu sein. Darum ist sie vom ersten Augenblick ihres Daseins an ohne Sünde. Erwählung, dieses Wort durchzieht wie ein roter Faden die Gebete des heutigen Tages und unsere Gesänge.

Gott trifft eine Wahl

Dasselbe Wort findet sich wiederholt in den Anmerkungen zur Liturgie der Priesterweihe: „Electi", so werden Sie, liebe Weihekandidaten, da genannt, „Erwählte". Wollen Sie das sein? Wollen Sie so angesprochen werden? Verstehen Sie sich so? Wohl kaum. Für die Gottesmutter mag diese Bezeichnung angehen, aber für uns? Sie sechs Erwählte? Um Gottes willen! Ja nichts Besonderes, ja nichts Besseres als andere. Wenn schon von Wahl gesprochen werden soll, dann doch von Ihrer Wahl. Sie haben sich für den Priesterberuf entschieden. Sie haben eine Wahl getroffen. Was soll dann Erwählung? Soll man das Wort nicht besser streichen?

Das hat Folgen. Ob wir sie wohl bedenken? Erwählung, das heißt doch dies: *Gott* hat eine Wahl getroffen. Er hat gesagt: Du, dich meine ich! Vor unserer Wahl steht seine Wahl. Davon leben wir. Davon lebt unser Glaube. Er lebt nicht von unserer Wahl. Das auch, aber nicht zunächst und zuerst. Er lebt nicht von unserer Entscheidung für Gott. Er lebt von Gottes Entscheidung für uns. Das steht am Anfang. Davon hängt alles ab.

Wir wissen doch, was das bedeutet, ob ein Kind von den Eltern erwünscht und erwählt ist oder nicht. Das ist lebensentscheidend, das prägt das ganze Leben. Ahnen Sie, was das heißt, daß ich mich von Gott angenommen und erwählt wissen darf? Da ist lebensentscheidend. Bei allem Respekt vor der eigenen Wahl sollten wir das nicht vergessen. Wir sind erwählt!

Das betrifft uns alle, das steht am Ursprung unseres Glaubens. Die Taufe ist sakramentales Zeichen dieser Erwählung. Sie ist die Grundlage, die uns alle hier miteinander verbindet.

Unsere Sache liegt in Gottes Händen

Erwählung – dieses Wort weist uns nicht nur auf den Ursprung des christlichen Lebens überhaupt hin, sondern darüber hinaus auf das Fundament des Priesterberufes. Der steht und fällt mit der Wahl Gottes, mit der ausdrücklichen Erwählung durch ihn. Priesterweihe ist sakramentale Besiegelung dieser Wahl. Sie ist Zeichen der bleibenden Initiative Gottes vor aller menschlichen Entscheidung und trotz aller menschlichen Schwäche. Gott besiegelt seine Wahl unauslöschlich.

Leider? Gott sei Dank! Wo kämen wir sonst hin. Wir (Priester) kennen uns ja, und die Gemeinden kennen uns. Soviel ist jedem Einsichtigen klar: Es bleibt die leidige und schmerzvolle Differenz zwischen unserem Auftrag und dessen Verwirklichung in unserem Leben. Wer sie erfährt, wird das „Gott dank" verstehen: Gott sei Dank, daß er diese Differenz mitträgt. Er steht zu seiner Wahl und hält sie trotz unseres Versagens durch.

Es gibt darum in allen Anforderungen des Priesterberufes eine gottgewirkte Sorglosigkeit. Wer der Wahl Gottes traut, kann unverkrampft und ohne Angst seinen Dienst tun. Sicher ist er gefordert und kann sich nicht heraushalten; aber nicht er ist es, der das Heil der Welt wirkt und an dem letztlich alles hängt. Unsere Sache liegt in Gottes Händen. Darum dürfen wir froh und gelassen dieses Fest der Erwählung feiern.

Das Geheimnis der Wahl Gottes

Priesterweihe als Erwählung – also doch etwas Besonderes? Allerdings! Sonst brauchten wir die Priesterweihe nicht. Es hat keinen Sinn, darum herumzureden und am Ende verlegen zu stottern: ‚Entschuldigen Sie bitte, liebe Gemeinde, liebe pastorale Mitarbeiter, daß es uns (Priester) noch gibt ...' Wir erweisen den Gemeinden keinen Dienst, wenn wir das Spezifische der Priesterweihe unterschlagen. Es liegt zunächst nicht in bestimmten Funktionen, die wir ausüben. Es liegt in der Wahl Gottes. Er hat eine bestimmte Wahl getroffen.

Was für eine Wahl? Zur eigenen Erbauung? Von Abraham, dem Vater des Glaubens, über Maria, der Mutter der Glaubenden, und zunächst und vor allem durch Jesus, den Urheber und Vollender unseres Glaubens, ist uns gesagt, was Gott mit dieser Wahl im Auge hat: Nicht daß wir aufs Podest gestellt werden, nicht daß wir uns hochjubeln lassen, nicht daß wir uns im Glanz dieser Wahl sonnen und uns darauf etwas einbilden. Die Wahl hat diesen Sinn: „Für euch und für alle!" Das ist das Geheimnis der Wahl Gottes, offenbart in Jesus Christus, ein für allemal. Gott wählt uns zum Dienst an seinem Volk und an der Welt. Gott erwählt uns nicht, damit wir uns auf den ersten Plätzen breitmachen, sondern damit wir das Geheimnis des letzten Platzes begreifen. Darauf ruht sein Blick, seit Jesus diesen Platz eingenommen hat. Gleich werden Sie, liebe Weihekandidaten, hier vorn auf dem Boden liegen. Das sagt alles. Das ist die Wahrheit über uns, das ist unser Platz.

Als Erwählte wählen

Erwählt? Allerdings, von Gott erwählt. Als Erwählte dürfen wir wählen. Als Bejahte dürfen Sie getrost Ihr Jawort geben. Wer weiß, was die kommenden Jahre für Sie und die Kirche und für unsere Welt bringen werden? Sie sagen ja, weil Gott ja zu Ihnen sagt.

Viele unter uns verbindet mit diesem Tag der Erwählung eine lange Geschichte, die eigene Lebensgeschichte, die Geschichte der eigenen Wahl: 25 Jahre, 40 Jahr, 50 Jahre. Man kann in diesem Dienst froh werden, über 50 Jahre, ein Leben lang. Vorn auf dem kleinen Gedenkzettel eines Goldjubilars las ich dieses eine Wort: Ja. Ein ganz einfaches Wort, als Summe des Lebens. Ich wünsche Ihnen, daß dieses Ja Ihr Leben trägt.

VII

An den Abgründen des Lebens

„Mein Gott, warum hast du mich verlassen?"

Schrifttext: Ps 22; Offb 21,3–5

Schwere Fragen

Es gibt Fragen, die sind so alt wie die Menschheit, und sie sind immer noch nicht erledigt; sie lassen sich gar nicht erledigen, sie brechen von Generation zu Generation neu auf, mit unbändiger Kraft. Sie betreffen nicht dieses oder jenes, sondern das Ganze. Sie stellen alles in Frage: Warum ist die Welt so, wie sie ist? Warum leben die einen im Glück, während die anderen vor Schmerzen vergehen? Warum das ganze furchtbare Leid? Warum müssen manche Menschen länger leben, als sie möchten, und andere müssen sterben, noch ehe ihr Leben recht begonnen hat? Warum? Warum ...?

Die Fragen richten sich nicht nur allgemein aufs Ganze der Welt. Sie sind meine Fragen, sie betreffen mich persönlich. Ich frage nicht nach irgend etwas, ich selbst bin gefragt: Warum diese unheilbare Krankheit? Womit habe ich das verdient? Warum mußte gerade mir das zustoßen? Warum gerade jetzt, nicht später? Wie kann Gott das zulassen? Schreit das ganze Elend nicht zum Himmel? Nein, schreit es nicht *gegen* den Himmel, gegen den Himmel und gegen Gott? Klagt es nicht den Schöpfer dieser leidigen Welt an? Mein Gott, warum ...?

Wie sollen wir damit leben? – Es ist schon viel gewonnen, wenn wir uns auf diese Frage einlassen, wenn wir sie nicht verdrängen, sondern uns ihr stellen und *das* Licht ins Dunkel dieser Frage bringen, das das Evangelium uns schenkt. Gott gebe, daß uns das ein Stück weit gelingt.

Was antworten?

Sie kennen vielleicht die Situation: Ich stehe vor einem Krankenzimmer und weiß, dort liegt jemand, der ist nicht mehr zu retten. „8 Tage noch", hat der Arzt gesagt. Was tun? Mir wird plötzlich klar: Hier wird mehr von dir erwartet als ein paar nette Worte. Hier bist du selbst gefordert. Und du bist so hilflos ... – Ich zögere zu klopfen. Was soll ich sagen, wenn der Kranke fragt: „Wie habe ich das verdient?"

Ich denke: ‚Wärst du doch nur wieder draußen. Ich störe ja doch nur, ich falle ihm zur Last, er kann ohnehin kaum noch sprechen. Was soll ich da noch tun? Besser, ich bleib' weg, ich gehe wieder nach Hause. Was soll ich sagen?'

1. Mir geht durch den Kopf, was ich von früher her weiß: ‚Gott ist gerecht. Er belohnt das Gute und bestraft das Böse, so wie es ein jeder verdient ... Gott vergilt uns nach unseren Taten: Strenger Richter aller Sünder ... Der Mensch hat sein Leid selbst verschuldet. Geschieht ihm recht, wenn er büßen muß.'

Ist das die Antwort? Mir bleibt das Wort im Munde stecken. Ich weiß, es kann einen Zusammenhang geben zwischen Tun und Ergehen. Wer gegen die Gesundheit „sündigt", muß es „büßen". Raubbau an der Natur rächt sich. Aber, kann ich davon ein Gesetz ableiten und Gott unterstellen, daß er danach verfährt? Wer hat Krebs verdient? Und: das Leid trifft auch die Unschuldigen. Wie kann es dann in jedem Fall Strafe sein? Warum müssen Kinder leiden und sterben?

Und: Wozu mache ich Gott, wenn ich ihn zum großen Strafrichter einsetze? Welche Absichten unterstelle ich ihm, wenn ich sage: „Das ist Strafe Gottes." Ist das der Gott, den Jesus uns geoffenbart hat, der Vater, der dem verlorenen Sohn entgegengeht? Das kann doch nicht wahr sein. Die Antwort geht nicht auf.

2. Ich stehe vor der Tür des Krankenzimmers und habe Angst, anzuklopfen. Was soll ich sagen, wenn ich „Herein" höre und plötzlich im Zimmer stehe, wenn der Kranke mich fragt: „Wie kann Gott das zulassen?" Dann kann ich nicht mehr ausweichen.

Ich habe gelernt: „Gott läßt uns leiden, um uns zu prüfen, um uns reifen zu lassen. Leiden ist wie Medizin. Wen Gott liebt, den züchtigt er …"

Ich weiß, daß Leiden den Menschen reifen lassen kann, daß er eine Tiefe gewinnen kann, die er sonst wohl nicht erreichen würde. Aber aus dieser Erfahrung darf ich kein Gesetz entwickeln und sagen: Gott bedient sich des Leids, um den Menschen reifen zu lassen. – Eine Frau: Ich habe in den letzten zehn Jahren viel mitgemacht, aber ich möchte die Zeit nicht missen.

Zudem: Es gibt entsetzlich viel Leid, dem nur ein frommer Schwindel einen pädagogischen Effekt andichten kann. Die von Napalbomben verbrannten Kinder haben dadurch keinen Reifungsprozeß durchgemacht. Und wozu mache ich Gott, wenn ich ihn zum Zuchtmeister einsetze? Hat er seinen Sohn am Kreuz züchtigen wollen? Was ist das für ein Gott? Das soll Gott sein? Das kann doch nicht wahr sein!

3. Was soll ich dem Schwerkranken sagen, wenn ich zu ihm ans Bett trete und er mich fragt: „Warum gerade ich?" Soll ich ihm sagen: ‚Wir können es nicht ändern. Wir müssen es halt nehmen, wie es kommt. Du mußt dich darein schicken. Trag's in Geduld.‘

Ich weiß, was „Ertragen" bedeuten kann. Die Welt wird nicht nur durch Aktionen verändert. Mir geht das Bild nicht aus den Augen, das sich mir in meiner Kindheit eingeprägt hat, als ich unserem Schmied zuschaute: Das glühende Eisen wird nicht nur durch die Schläge mit dem großen Hammer geprägt, sondern auch durch den Amboß, der diese Schläge auffängt.

Doch, wir dürfen nicht voreilig sagen: „Trag's in Geduld."

So wichtig es ist, Leid ertragen zu können, alles ist damit nicht gesagt. Es ist gefährlich und falsch, das „Trag's in Geduld" als *die* christliche Haltung auszugeben. Das versperrt uns den Blick, die Ursache des Leidens aufzuspüren und sie auszuräumen, wo immer wir das können. Wir dürfen uns nicht einfach in die Unverbesserlichkeit der Welt schicken. Wir müssen verbessern, was zu verbessern ist. Ein Gebet, das Friedrich Christoph Oetinger (1702–1782) zugeschrieben wird, sagt es so:

> „Gib mir Gelassenheit,
> Dinge hinzunehmen,
> die ich nicht ändern kann,
> den Mut, Dinge zu ändern,
> die ich ändern kann,
> und die Weisheit,
> das eine vom andern zu unterscheiden ...“

4. Sie erinnern sich, die Situation vor dem Krankenzimmer. Was tun? Vielleicht setze ich mich ans Bett und sage: ‚Kopf hoch, alter Freund. Laß dich nicht hängen.

Es wird schon wieder ...' – Damit mache ich mir selbst und dem Kranken etwas vor. Ich weiß genau: Das ist eine Lüge. Denn es wird nicht wieder ...

5. Was soll ich sagen? Es fällt mir schwer, überhaupt etwas zu sagen. Ich denke: ‚Mach dich so schnell wie möglich davon. Ja nichts mehr vom Krankenhaus hören, ja nichts mehr davon sehen.'

Das gibt's. Das ist gar nicht so selten, daß wir die Flucht ergreifen vor dem Leid. Wir stellen uns ihm nicht, wir laufen weg.

Was tun vor dem Krankenzimmer? Weglaufen? – Oder soll ich doch anklopfen? Aber was dann sagen? Mir geht durch den Kopf, was Gott getan hat.

Was Gott tut

Gott ist nicht vor der Tür des Elends stehengeblieben. Und er hat erst recht nicht Reißaus genommen. Er ist ins Zimmer eingetreten. Gott will nicht ohne uns oder jenseits unserer Geschichte Gott sein. Er steht ganz auf unserer Seite und leidet mit uns. Er ist kein Prüfer, der auf dem Katheder über uns sitzen bleibt. Er prüft, indem er sich selber prüfen läßt. Er ist dorthin gekommen, wo wir sind, wo Blinde und Lahme sind, Besessene und Aussätzige, wo Sünder und Sünderinnen sind und verlorene Söhne, wo man hungert und friert, ausgestoßen ist und verlassen, wo man Gerechte verurteilt und kreuzigt. Er hat den Beweis seiner Göttlichkeit nicht dadurch erbracht, daß er mit majestätischem Wink von oben herab alles regelt, sondern so, daß er auch dem Ärmsten noch Bruder wurde und in seinen Ängsten und Ausweglosigkeiten neben ihm steht.

1. Warum ...? Das ist nicht nur unsere Frage, das ist

auch seine Frage: Warum, o Gott, warum hast du mich verlassen? Jesus hat diese Frage nicht beantwortet, er hat sie neu gestellt. Er hat sie nicht durchschaut, sondern durchlitten. Gott ist aus dem Leid der Welt nicht herauszuhalten. Er selbst ist unmittelbar davon betroffen. Er läßt sich in Mit-Leidenschaft ziehen, er leidet mit. Das Leid ist kein Zeichen der Abwesenheit Gottes. Er selbst ist uns im Leiden nahegekommen.

2. Mit-Leidenschaft Gottes. Gott leidet mit. Damit stehen wir letztlich vor dem Geheimnis Gottes. Die Unbegreiflichkeit des Leids weist uns hin auf die Unbegreiflichkeit Gottes. „Gott in seinem unerforschlichen Ratschluß." Es gibt kein Licht, das die finsteren Abgründe des Leids erhellt, als Gott selbst. Und ihn findet man nur, wenn man ja sagt zu seiner Unbegreiflichkeit, ohne die er ja nicht Gott wäre (K. Rahner). Vielleicht kann die Ungeheuerlichkeit des Leidens uns helfen, unser allzu naives Bild vom „lieben Gott" zu ändern, und uns dazu führen, daß wir Gott Gott sein lassen, ihn in seiner Unbegreiflichkeit anerkennen.

Glauben ist kein Frage-Antwort-Spiel. Gott erfüllt nicht etwa nur all unsere Fragen. Er geht weit über unseren Horizont: „Wie unergründlich sind seine Entscheidungen, wie unerforschlich seine Wege! Denn wer hat die Gedanken des Herrn erkannt? Oder wer ist sein Ratgeber gewesen?" (Röm 11,33 f). Darum gibt es im Glauben Fragen, mit denen wir nie an ein Ende kommen, mit denen wir leben müssen.

Ein Rabbi ist mit Leiden überschüttet und droht daran zu zerbrechen. Er betet weiter. Da fragt ihn ein Schüler: „Wie kannst du immer noch zu Gott reden, wenn er doch schweigt!" Darauf der Rabbi: „Er redet schon, er antwortet nur nicht."

3. Gott läßt sich in Mitleidenschaft ziehen, er leidet

mit. Solidarität bedeutet viel, nicht alles. Gott hat sich in Jesus auf das Leiden eingelassen. Das Leid hat es seither mit Gott zu tun. Es ist damit an seine Grenze gekommen; es muß Gott selbst das letzte Wort lassen. Gott leidet nicht nur solidarisch mit uns, er hat auch die Kraft, das Leiden zu überwinden. Das hat er in Jesus erwiesen, indem er ihn vom Tod erweckte.

Die Auferstehung ist der Anfang vom Ende menschlicher Passion. Auferstehung, das hat durchaus auch den Charakter von Aufstand gegen Tod und Leid. Er meint den Aufstand, den Gott selbst unternommen hat. Er hat noch andere Hände als die unseren.

Wir hoffen nicht auf uns selbst, und deshalb endet unsere Hoffnung nicht an den Grenzen unserer eigenen Möglichkeiten: „Er wird alle Tränen von ihren Augen abwischen. Der Tod wird nicht mehr sein und kein Leid, und kein Geschrei, und keine Quälerei. Was einmal war, ist für immer vorbei, und der auf dem Thron saß, sprach: Seht, ich mache alles neu!" (Offb 21,4f). Das ist das Ziel, dem wir entgegengehen.

Wenn wir nachts mit dem Auto fahren, geschieht es, daß plötzlich ein Wegweiser im Scheinwerferlicht auftaucht. Wir sehen das Zeichen, und schon ist es wieder weg. Doch die Sekunde, in der wir es entziffern konnten, genügt. Man weiß, wo man ist und woran man ist. Man weiß, wohin die dunkle Straße führt. – Die Auferweckung Jesu ist ein solches Zeichen, das uns sagt, was uns am Ziel unserer dunklen Straße erwartet.

In dieser Hoffnung erfährt die Frage nach dem Leid eine Wende. Sie ist nicht mehr so sehr zurück auf das „Woher?" oder „Warum?" festgelegt, sie richtet sich nach vorn, sie fragt: „Wohin?" Sie fragt nach dem Ende des Leids.

Eine geöffnete Tür

Viele sagen: Wenn ich das unsagbare Leid in der Welt sehe, kann ich nicht glauben, daß es einen Gott gibt. Läßt sich nicht mit größerem Recht sagen: Nur wenn es Gott gibt, können wir das unsagbare Leid der Welt überhaupt anschauen, im Vertrauen, daß er uns seine Hand entgegenstreckt, um jede Träne aus unseren Augen zu wischen. Es gibt Ungeheuerlichkeiten im Leben des einzelnen wie der Menschheitsgeschichte, die uns in die Verzweiflung trieben, hätten wir nicht die Hoffnung, die uns mit Jesus Christus geschenkt ist. Sie gibt uns so viel Licht, um leben zu können, ohne verzweifeln zu müssen. Gottes letztes Wort zur Welt heißt Ja, nicht Nein. Gott ist nicht vor der Tür des Leidens stehengeblieben, er hat die Tür geöffnet und ist eingetreten. Darum wage ich es, anzuklopfen. In Gottes Namen, im Namen Jesu Christi.

Das Kreuz vor der Stadt

(Im Frühsommer 1983 wurden im Frankfurter Raum fünf Kinder in einer Schule von einem Amokschützen erschossen. Bischof Kamphaus hielt bei der Trauerfeier die folgende Ansprache.)

Fragen an Gott

Kann man hier an diesem Ort von Gott sprechen? Vielleicht in der Kirche drüben, das mag schließlich noch angehen. Aber hier in der Schule, an diesem Ort, den viele aus Angst und Abscheu kaum noch zu betreten wagen – kann man hier von Gott sprechen? Wo war Gott am vergangenen Freitagmorgen, als das Blutbad hier angerichtet wurde? Schreit das Ausmaß des Elends nicht zum Himmel? Schreit es nicht gegen den Himmel, gegen Gott? – Fragen an Gott, die in uns bohren, die keine Antwort zum Schweigen bringt, die auch den Glaubenden anfechten.

Daß unschuldige Menschen so sterben müssen – wie soll man das erklären? Das kann man nicht erklären. Man mag manche Hintergründe dieser Bluttat aufklären. Aber was ist damit letztlich erklärt? Daß Kinder so sterben müssen – wie soll man das erklären? Mit Gott vielleicht? Ich gestehe offen: Das kann ich nicht erklären.

Ein Grund, von Gott zu sprechen

Und wenn ich hier von Gott spreche? Es gibt einen Grund, einen entscheidenden Grund, hier an diesem Ort von Gott zu sprechen: das Kreuz. Das Kreuz Jesu stand nicht im geheiligten Bezirk des Tempels, sondern draußen vor der Stadt auf Golgota, dort, wo getötet wird. Dies ist der Ort, wo Christen von Gott sprechen. Wir suchen Gott in der Regel hoch oben, und wir finden ihn tief unten in den Abgründen des Lebens. Dort, wo wir nicht ein noch aus wissen und Gott fast aus den Augen verloren haben, da steht er neben uns. Das Leid ist kein Zeichen der Abwesenheit Gottes. Er selbst hat sich in unser Elend eingelassen und ist uns darin nahe. Das allein läßt uns hier an diesem Ort angesichts der fünf Opfer von Gott sprechen. Unter dem Kreuz – Ungeheuerlichkeit des Denkens und unseres Glaubens – darf auch der sechste Tote noch genannt werden, er, der sich selbst das Leben nahm, nachdem er es den anderen geraubt hatte.

Viele sagen: Wenn ich dieses unsagbare Leid sehe,

kann ich nicht glauben, daß es Gott gibt. Kann man nicht umgekehrt sagen: Nur wenn es Gott gibt, können wir das schreckliche Leid überhaupt aushalten, im Vertrauen darauf, daß er, der gekreuzigte Gott, uns nicht fallen läßt. Er läßt uns hoffen. Wir hoffen nicht nur auf uns selbst, und darum endet unsere Hoffnung nicht an den Grenzen unserer Möglichkeiten. Diese Hoffnung ist keine Antwort auf alle Fragen (es bleiben Fragen, die keine Antwort zum Schweigen bringt!), aber sie gibt so viel Licht, daß wir leben können, ohne an der Menschheit und an der Welt verzweifeln zu müssen.

„Diesen Schatz tragen wir in tönernen Gefäßen"

Schrifttext: 2 Kor 4,7–11.16–18

Tod – das Wort ist schnell gesagt, und schnell ist ein Wort zuviel gesagt, sind die Fragen totgeredet, die uns der Tod stellt. Mit dem Sprechen vom Tod ist es nicht getan; es kommt darauf an, daß wir den Tod in unser Leben nehmen. Das meint Paulus hier: „Denn mitten im Leben sind wir dem Tod ausgeliefert ..." Tod – mitten im Leben. „Immer tragen wir das Todesleiden Jesu am eigenen Leib mit uns herum ..." – Das Todesleiden Jesu, das Kreuz, eine Realität mitten in unserem Leben.

Das Kreuz – eine Realität im Leben

1. In der vergangenen Woche, einige Tage vor dem Tod unseres Bischofs Wilhelm Kempf, sprachen wir miteinander, das letzte Mal. Er ließ erkennen, daß sein Zu-

stand sich verschlechtert habe. Dann sagte er: „Ich habe so oft vom Kreuz gepredigt, nun muß ich es auch tragen." – Das ist mir nachgegangen: kein großes Wort, kein frommer Spruch, ein Wort aus dem Leben. „Ich habe so oft vom Kreuz gepredigt, nun muß ich es auch tragen." Das Kreuz – eine Realität im Leben.

Ist das nicht so, daß das Kreuz *die* Realität seines Lebens gewesen ist? Das Bistum verdankt ihm das Kreuzfest und die Kreuzwoche: Diese Tradition wird mit seinem Namen verbunden bleiben. Er hat mich darin eingeführt, er hat sie mir ans Herz gelegt wie ein Vermächtnis. Nicht etwa nur, weil wir die Staurothek mit der Kreuzreliquie hier in Limburg beherbergen dürfen, sondern weil das Kreuz die Mitte unseres Glaubens und der Angelpunkt unseres christlichen Lebens ist. Er sah, daß die Erneuerung der Kirche, die Erneuerung der Seelsorge von dort ausgehen muß. Von dieser Wahrheit hat er Zeugnis gegeben: „Testimonium veritati". Ein Zeuge, der für diese Wahrheit einsteht, bürgt nicht nur mit dem Wort, sondern mit dem Leben. Das Kreuz ist eine Realität seines Lebens gewesen, eine Realität seines apostolischen Dienstes. Er hatte es nicht leicht gehabt, weder von seiner Lebensexistenz noch von der Situation her, die ihm zugemutet worden ist. Er hat es nicht leicht gehabt, und er hat es sich nicht leichtgemacht.

2. „Immer tragen wir das Todesleiden Jesu an unserem Leib ..." – Das hat er am eigenen Leib erfahren. Es ist, wie wenn sich sein Leben in diesen Sätzen des Paulus widerspiegelt:

„Überall in bedrückender Lage ..." – Er hat die seelsorgliche Situation nicht verharmlost. Sie lag ihm bedrückend auf der Seele, wie eine schwere Last.

„Ratlos ..." – Wie soll es weitergehen mit der Kirche? Wird sie die Kraft haben, Signale zu setzen für den Weg

in das kommende Jahrtausend? Wie soll es weitergehen angesichts der Personalsituation? – um nur das zu nennen, was ihm vor allem auf der Seele lag.

„*Verfolgt* ...“ – auch das hat er erfahren: Argwohn, Mißverständnis, Unverständnis, Verleumdung ...

„*Am Boden* ...“ – diese Situation war ihm nicht fremd: am Boden liegen, ausgezählt werden. Wie viele sind heute damit beschäftigt, die Kirche und das apostolische Amt auszuzählen.

Sollten wir das alles verschweigen? Wie können wir das verschweigen, wo es doch zu seinem Leben gehört. Damit hat er gelebt. „Immer tragen wir das Todesleiden Jesu an unserem Leib mit uns herum ...“

Hoffnung durch das Kreuz

1. Aber wir können auch das nicht verschweigen, daß diese Sätze, die so beginnen, bei Paulus weitergehen und auch im Leben von Bischof Kempf eine Fortsetzung gefunden haben. Und nun hören wir noch einmal: „Überall in bedrückender Lage – und doch nicht erdrückt; ratlos – und doch nicht am Ende; verfolgt – und doch nicht verlassen; am Boden – und doch nicht am Boden zerstört.“

Was ist das, dieses viermalige: „Und doch nicht ...“? Soll das heißen, daß am Ende doch alles nicht so ernst ist? Kopf hoch, es wird schon wieder.

Daß wir es ja nicht mißverstehen! Dieses „und doch nicht“ ist keine Hintertür, durch die wir uns absetzen können, aus dem Staub machen, aus dem Staub der Welt ... Jesus hat sich nicht durch die Hintertür davongestohlen, er ist den Weg nach Golgota zu Ende gegangen. Er ging nicht am Leid vorbei, sondern hindurch, bis zum bitteren Ende.

„... und doch nicht am Ende ... und doch nicht am Boden zerstört."

Das ist dem zugesagt, der mit Jesus auf dem Weg nach Golgota bleibt, der das Leid nicht verdrängt, sondern sich ihm stellt, nicht nur in der Kontemplation, sondern in den banalen alltäglichen Dingen, in dem, was Gott uns in unserem Leben und im apostolischen Dienst zumutet, in unserem Bemühen, um uns und in uns die Verhältnisse zum Besseren zu bringen, in dem ganzen Aufreibungsprozeß, den unser Leben darstellt. Die Nachfolge Jesu garantiert uns nicht ein schmerzfreies Leben. Es gibt, wenn wir dem Evangelium trauen, keine Erneuerung der Kirche, kein Heil für die Welt am Kreuz vorbei. Und Golgota ist nicht Oberammergau!

2. Das neue Leben, das durch das Kreuz hindurch von Ostern her aufbricht, beginnt nicht erst jenseits der Grenzen unseres Daseins. Vielmehr, wenn wir diese unsere Grenzen wahrnehmen (statt uns an ihnen vorbeizumogeln), wenn wir die Gebrechlichkeit und Gebrochenheit unseres Daseins auch als Kirche annehmen (statt sie zu verdrängen), dann kann es jetzt schon durchbrechen: „Immer tragen wir das Todesleiden Jesu an unserem Leib, damit auch das Leben Jesu an unserem Leib sichtbar wird." – Epiphanie Jesu (so steht es da wörtlich bei Paulus) in unserem sterblichen Fleisch.

3. Das läßt hoffen. Das ist keine billige Hoffnung. Diese Hoffnung, die uns durch das Kreuz von Ostern her geschenkt ist, hat Bischof Kempf bezeugt (Testimonium veritati). Sie ist ein Grundakkord seiner Verkündigung gewesen. Aus ihr hat er gelebt. So ist er selbst ein Zeichen der Hoffnung geworden für viele in der Kirche und über die Grenzen der Kirche hinaus; Menschen, die aufmerkten und sagten: ‚Wenn das Kirche ist – das läßt hoffen.'

Hoffnungssignale

„Diesen Schatz tragen wir in tönernen Gefäßen." Weiß
Gott, wenn wir hier auf den Sarg schauen, und auf uns
selber: tönerne Gefäße, Ton, Erde, Staub. „Staub bist
du, und zum Staube kehrst du zurück ..." Tönerne Gefäße! Aber in diesen tönernen Gefäßen – der Schatz, unsere Hoffnung. Ja, in tönernen Gefäßen, „so wird
deutlich, daß das Übermaß der Kraft von Gott kommt,
nicht von uns, damit niemand auf den Gedanken
komme, es ginge um das Gefäß, das Staub ist – vielmehr
um die Kraft, die von Gott kommt. Wir hoffen nicht auf
uns selbst. Darum endet unsere Hoffnung nicht an den
Grenzen unserer Möglichkeiten und unseres Daseins.
Gott läßt uns hoffen.

Darum hören wir auch am Grabe nicht auf, unsere
Hoffnung zu feiern, hier in der Liturgie, aus der Bischof
Kempf gelebt hat, in unseren Gesängen, die ihm ans
Herz gewachsen waren – Hoffnungssignale, Zeichen der
Hoffnung vom Kreuz her, „für euch und für alle".

Tod im Leben – Leben im Tod

Schrifttexte: 1 Joh 3,12–15; Lk 15,11–32

Was bleibt?

Was aber bleibt? Bleibt das Leben? Bleibt der Tod? Was
bleibt? Das ist die Frage, die Lebensfrage, und die Ster-
bensfrage! Was bleibt?

Die Antwort scheint klar: Erst leben wir, dann sterben
wir, dann kommt das ewige Leben. Das bleibt! Leben –
Tod – Auferweckung der Toten, ewiges Leben. Und im

Zusammenhang damit die Wahrheit vom Gericht, vom Himmel und Hölle. Davon wird zu reden sein in den kommenden Fastenpredigten.

Aber bevor wir diese Wahrheiten im einzelnen bedenken, wollen wir fragen: Ist der ganze Prozeß von Leben und Tod einfach nur ein Nacheinander: Leben – Tod – ewiges Leben?

So ist es geläufig, und diese Sicht unseres Glaubens soll nicht in Frage gestellt werden. Sie ist ja gerade Grundlage unserer Fastenpredigten. Aber damit ist noch nicht alles gesagt. Zu leicht wird dabei vergessen, daß Leben und Tod, nicht säuberlich voneinander getrennt, sich etwa nur nacheinander ereignen und nebeneinander stehen, sondern ineinandergreifen.

Tod im Leben – Leben im Tod. Was ist das? Ist das ein Widerspruch? Ist das ein Spiel mit Wörtern? Die scheinbar widersprüchlichen Formulierungen wollen gerade das zum Ausdruck bringen, daß Leben und Tod nicht nur nacheinander kommen, sondern ineinandergreifen.

Tod im Leben

„Mitten im Leben sind wir vom Tod umfangen ..." Das bedeutet nicht etwa nur, daß wir plötzlich sterben können. Das besagt vielmehr, daß der Tod eine Realität, eine Macht in unserem Leben ist.

So einfach, wie Epikur (ein römischer Philosoph) es gemeint hat, ist es nicht. Er sagt: „Das schauerlichste Übel, der Tod, geht uns nichts an; denn solange wir existieren, ist der Tod nicht da, und wenn der Tod da ist, existieren wir nicht mehr." Nicht wenige denken auch heute so. Sie irren: Solange wir leben, ist der Tod da!

„Wenn einer sich vornähme, das Wort Tod nicht mehr zu benützen, auch kein anderes, das mit dem Tod zusammenhängt, mit dem Menschentod oder mit dem Sterben der Natur. Ein ganzes Buch würde er schreiben, ein Buch ohne Tod, ohne Angst vor dem Sterben, ohne Vermissen der Toten, die natürlich auch nicht vorkommen dürften, ebensowenig wie Friedhöfe, sterbende Häuser, tödliche Waffen, Autounfälle, Mord. Er hätte es nicht leicht, dieser Schreibende, jeden Augenblick müßte er sich zur Ordnung rufen, etwas, das sich eingeschlichen hat, wieder austilgen, schon der Sonnenuntergang wäre gefährlich, schon ein Abschied, und das braune Blatt, das herabweht, erschrocken streicht er das braune Blatt ..." (M. L. Kaschnitz). Spüren Sie, was geschieht, wenn man das Wort Tod streicht? Das ganze Leben wird eine einzige Lüge! „Mitten im Leben sind wir vom Tod umfangen ..."

In vielfacher Gestalt greift der Tod in das Leben ein: Krankheit, Leid, Erfolglosigkeit, sozialer Tod, Tod auf Raten (Heroin, Alkohol), Rentnertod, Altern. Das sind nicht nur Zeichen und Vorboten des Todes, sondern Wirklichkeiten des Todes mitten im Leben. Der Tod mitten im Leben hat viele Namen. Das Leben stirbt nicht auf einmal ab, es wird uns nach und nach, Stück für Stück genommen, wir müssen es lassen (oder: dürfen es hergeben). Die Furcht vor dem Tod wirkt in unser Leben hinein. Woher sonst kommt das verbreitete Ausweichen und Sich-Wegdrücken vor dem Tod, wenn er nicht da wäre? Wir sind „sterblich". Das ist ein Charakteristikum unseres Lebens.

Der Tod ist noch auf andere Weise in unserem Leben anwesend. Wenn wir unsere Sprache beim Wort nehmen, können wir Entdeckungen machen: – Der ist für mich gestorben ... – Den kann ich auf den Tod nicht leiden ... – Den kannst du vergessen ... – Den werde ich schon kleinkriegen ... – Den lass' ich über die Klinge springen!

Es gibt Menschen, die gehen über Leichen! Wir können jemanden erledigen, fertigmachen, abschießen, kaltstellen, kaputtmachen … Offenbar, meint unsere Sprache, gibt es eine mörderische Einstellung zum Leben. Offenbar gibt es den Tod nicht nur am Ende des Lebens (als Exitus), sondern jetzt schon, mitten im Leben. Und er ist nicht etwa nur eine Macht, die uns von außen überfällt, sondern auch unsere Tat. Wir können ihn uns zufügen, indem wir jemanden totschweigen oder totreden, ihn mundtot machen, indem wir Rufmord begehen.

Es gibt nicht nur die großen Weltkriege, sondern auch die alltäglichen Kleinkriege, in denen Menschen sich Nahkämpfe liefern, sich verschanzen und mauern. Man kann Schlagwörter wie Schlag-Waffen gebrauchen und damit auf den anderen einschlagen.

„Es gibt viele Arten zu töten. Man kann einem ein Messer in den Bauch stechen, einem das Brot entziehen, einen von einer Krankheit nicht heilen, einen in eine schlechte Wohnung stecken, einen durch Arbeit zu Tode schinden, einen zum Selbstmord treiben, einen in den Krieg führen usw. Nur weniges davon ist in unserem Staat verboten" (B. Brecht). Da kann man nicht sagen: Ich hab' doch niemanden umgebracht. Ich hab' ein reines Gewissen. An meinen Händen klebt kein Blut. Was soll ich eigentlich beichten? Dabei bringen wir den anderen um – das Leben.

Der Tod ist in der Verschlossenheit und Leere unseres Alltags fortwährend anwesend. Er bereitet sich vor: in den kleinen Verraten des täglichen Lebens, dort, wo wir aufgeben und uns kompromittieren lassen, dort, wo Hoffnungen sterben und wir Hoffnungen sterben lassen. Wir bringen andere und uns um – das Leben. Der physische Schmerz und die Krankheit, die den Tod ankündigen, bedrohen unser Leben eigentlich weniger als das

Vorbeileben an anderen und an uns selbst. Ehe! Familie! Der Rest ist Langeweile oder Betrieb, der sehr schnell langweilig werden kann.

Todsünde – das meint nicht nur die Übertretung einzelner Gebote (das auch!); das meint letztlich eine falsche, mörderische Lebenseinstellung. Die Ursünde besteht darin, daß sich der Mensch sich selbst verdanken will. Er möchte sich selbst seine eigene kleine Unsterblichkeit bauen – und endet im Tod. Self-made-man: der gemachte Mann; durch die eigene Leistung, durch das eigene Werk. Suchen wir alle (unsere Gesellschaft) unsere Identität nicht viel zu sehr im „Haben" und „Besitzen"? Das Habenwollen ist eine Grundtendenz in unserem Leben. Die haben wir in den letzten Jahrzehnten kräftig entwickelt. Wir lernen das meist, ohne es zu bemerken, ohne einen Lehrgang mitzumachen, einfach durch unsere Art zu leben. Das Habenwollen und das Immer-mehr-haben-Wollen bringen wir uns wie selbstverständlich bei. Und wir denken, so sei das Leben zu gewinnen. Hast du was, dann bist du was … Aber das Haben allein macht's nicht. Haben ist nicht Sein. Das Leben ist so nicht zu gewinnen. Es wird verloren. „Wer sein Leben retten will, wird es verlieren." Die Illusion, sich das Leben selbst verschaffen zu können, verkennt die eigene Realität, ist Raubbau am Leben und endet im Tod. Am Anfang steht die eigenmächtige Selbstbehauptung, und am Ende steht die Selbstvernichtung. Eine ins Unendliche gehende Wirtschaftsplanung und Rüstungsanstrengung schlägt ins Gegenteil um. – Wer sein Leben retten will, verliert es, todsicher!

Hier entzündet sich die Aufgabe der Verkündigung: die Mächte des Todes, die uns um das Leben bringen, entlarven!

Sie kennen das Gleichnis vom Vater und den beiden

Söhnen. Der Vater in diesem Gleichnis sagt zweimal vom verlorenen Sohn: „Dieser mein Sohn war tot und lebt wieder ..." Der Sohn lebt allein in der Fremde. Er will sich selbst verwirklichen. Und schließlich vegetiert er nur noch dahin. Er lebt ‚unter aller Sau‘, weit weg von der Grundbeziehung seines Lebens (siehe Lk 15, 16!).

Das ist kein Leben, sagt der Vater, das kann man doch nicht Leben nennen, dieses Dahinvegetieren bei den Schweinen, wo er noch weniger hat als sie. Der Organismus atmet und arbeitet zwar noch, aber Leben kann man das nicht nennen. Das ist Tod, mitten im Leben.

Leben im Tod

Wie hat Jesus das Leben gewonnen? Im Tod! In der Hingabe seiner selbst! Er hat sein Leben verströmt, bis zum Tod am Kreuz. Dieses Leben hat Gott angenommen, dem hat er in der Auferweckung recht gegeben.

Wer sein Leben verliert um meinetwillen, der wird es finden. Das gilt in Jesu Namen. Ein Leben, das den Tod schon hinter sich hat!

In dem Maße, wie wir es wagen, aus uns selbst heraus zu gehen, uns zu verschenken, lassen wir jetzt schon den Tod hinter uns. „Wir wissen, daß wir aus dem Tod in das Leben hinübergegangen sind, weil wir die Brüder (und Schwestern) lieben. Wer nicht liebt, bleibt im Tod" (1 Joh 3, 14). Ein Hinübergehen vom Tod zum Leben.

Sie denken vielleicht ans Jenseits: später mal, im ewigen Leben. Der Apostel denkt anders. Er sagt nicht „später", sondern „jetzt". Im Namen Jesu Christi spricht er von einem Geschehen, das sich hier und jetzt in unserem Leben und bei uns ereignen kann. Jetzt kann das andere Leben beginnen. Das wahre Leben berühren wir im Exodus, indem wir über uns selbst hinausgehen, schon jetzt! Wir entdecken das Leben dort, wo wir uns wegwagen von uns selbst, uns selbst zurücklassen, uns fallenlassen. Das geht nicht ohne sterben. Aus dem Tod zum Leben hinübergehen, das heißt: den Tod erfahren, die Tür zum Leben „aufleiden" (Ratzinger). So wird Liebe Einüben in Sterben, in ein Sterben, das den Weg frei macht, zu neuem Leben.

Da reichen unsere biologischen Vorstellungen offenbar nicht mehr aus. Danach werden wir zunächst geboren, und später müssen wir sterben. Hier ist der Weg umgekehrt. Aus dem Tod gehen wir hinüber ins Leben, und zwar nicht erst am Ende des Lebens in ein Leben nach dem Tod. Der Prozeß vom Tod zum Leben kann sich in unserem alltäglichen Leben vollziehen.

Das geht nicht ohne Schmerzen. Das Sterben im Leben betrifft uns nicht nur am Rande, sondern im Innersten unserer Existenz. „Wer sein Leben retten will, der wird es verlieren; wer aber sein Leben verliert um meinetwillen, der wird es gewinnen" (Mt 16,25). So paradox es klingt: Nur der gewinnt das Leben, der die Hingabe des Lebens wagt.

Dieses Wagnis hat eine entscheidende Voraussetzung: Ich darf mich unbedingt geliebt glauben und muß darum keine Angst mehr um mich selbst haben. Wenn ich den Rücken frei habe, dann kann ich „mein Leben verlieren" in der Münze des Alltags. Dann kommt der Prozeß vom Tod zum Leben in Gang, hier und jetzt in unserem Leben.

„Wer sein Leben um meinetwillen verliert, der wird es gewinnen ..." Es gibt Grunderfahrungen in unserem Leben, die uns eine Ahnung von der Wahrheit dieses Wortes vermitteln können: Wir können nur leben, wenn wir den Atem nicht festhalten, sondern ihn lassen. Wenn wir nur einatmen und den Atem festhalten wollen, bekommen wir einen roten Kopf und fallen um. Wir müssen den Atem lassen, ausströmen lassen, bis dahin, daß wir das Leben ausatmen ... Eine Grundgebärde des Lebens, des ganzen Lebens. Nur so können wir das Leben neu empfangen.

Die Kinder loslassen, nur so können sie das Laufen lernen, so werden sie selbst-ständig! Die Kinder aus dem Haus entlassen. Wenn wir älter werden, merken wir, daß die Kräfte nachlassen. Die Haare werden weniger, die Kraft der Augen wird schwächer, wir hören nicht mehr so gut, die Zähne fallen aus ... Was machen wir mit solchen Erfahrungen? Versuchen wir einfach, darüber wegzugehen? Lassen wir sie gar nicht an uns herankommen? Oder sagen wir ja dazu, daß wir das Leben lassen müssen?

Solche Erfahrungen können uns lehren, daß im Lassen neues Leben zu gewinnen ist. Wenn wir uns hineingeben in die Gebärde des Ausatmens, Sichverströmens, dann kann neues Leben werden. Wenn wir geben, schenken, teilen (unser Leben teilen, den Besitz teilen, die Freude teilen), dann verlieren wir nicht, wir gewinnen.

Je entschiedener christlicher Glaube als Freiheit zum Leben, als Freiheit zum Tode zugunsten des neuen Lebens gelebt wird, desto mehr widersetzt er sich einem falschen, mörderischen Leben. Ausdruck des Glaubens, daß der Tod schon überwunden und „vom Leben verschlungen ist", sind Taufe und Eucharistie. Hier wird die in Jesus Christus geschehene und geschenkte Tötung des Todes gefeiert.

In dem Maße, wie wir es wagen, aus uns selbst herauszugehen, uns zu verschenken, lassen wir jetzt schon den Tod hinter uns. „Wir wissen, daß wir aus dem Tod ins Leben hinübergegangen sind, weil wir die Brüder (und Schwestern) lieben ..." Vom Tod zum Leben hinübergehen. So wird der Tod unterlaufen. So wird das neue Leben gewonnen.

Wer das Leben um meinetwillen verliert, wird es gewinnen ... „Man rettet nur das, was man gibt." Das ist die Grundwahrheit unseres christlichen Lebens. „Wenn man dich zum Friedhof trägt, kümmert dich nicht mehr das, was du hast. Mitnehmen kannst du nur das, was du gegeben hast." Man rettet nur das, was man gibt. „Wer das Leben um meinetwillen verliert, wird es gewinnen."

Dort wird Ostern dann nicht nur behauptet, sondern anschaulich. Ostern gewinnt so nicht erst später Bedeutung, sondern schon jetzt, im Prozeß unseres irdischen Lebens. Es beginnt nicht erst jenseits der Grenzen unseres Daseins, sondern schon diesseits. Die Glaubwürdigkeit unserer Hoffnung über den Tod hinaus hängt mit dem Sichtbarwerden des neuen Lebens im Diesseits zusammen.

Was der Mensch am meisten braucht, kann er nicht selbst herbeiführen, er muß sich führen lassen, vom Tod zum Leben. Er verfehlt das Leben, wenn er es sich selbst besorgen will. Die Kompetenz zum Leben wächst mit dem Mut, sich lieben zu lassen, sich von Gott unbedingt lieben zu lassen.

Die Liebe, in der wir aus uns selbst herausgehen, uns lassen und die Armut unserer Seele wagen, diese Liebe und der christliche Osterglaube gehören untrennbar zusammen. Eine alte theologische Tradition spricht von der Armut Jesu, mit der er den Tod überlistete. Er hatte am Ende nichts mehr, was dieser ihm hätte rauben können, er hatte alles gegeben. „Darum hat ihn Gott über alle erhöht und ihm den Namen verliehen, der größer ist als alle Namen" (Phil 2,9). So ist er der Christus geworden, so hat er das Leben gewonnen. Tod zum Leben!

VIII

Briefe

Zwischen Gott und Götzen

Schrifttext: Lk 4,1–13

Was ist das Gebot der Stunde? Worauf kommt es heute an? Darauf werden unsere Zeitgenossen sehr verschieden antworten, je nachdem, wo der einzelne steht und worin er das Heil sucht. Wir Christen suchen das Heil in Christus, wir können diese Fragen darum nicht ohne ihn beantworten. Also: Worauf kommt es Jesus an? Die Antwort des Evangeliums ist eindeutig: Es geht ihm vor allem um Gott. Gottes Herrschaft hat er gegenüber allen menschlichen Autoritäten unnachgiebig zur Geltung gebracht. Ebendies ist heute unsere Aufgabe in der Nachfolge Jesu Christi: Wir schulden der Welt das Zeugnis von Gott.

An welchen Gott glauben wir?

Es ist deutlich zu spüren, daß „Gott" heute für viele ein Fremdwort geworden ist, vielleicht ganz in Vergessenheit geraten oder einfach kein Thema mehr. In der Öffentlichkeit wird er allenfalls noch bei feierlichen Anlässen erwähnt. Im übrigen ist er tabu. Unsere Welt wird wie selbstverständlich ohne Gott, gott-los geplant und gestaltet.

Ist Gott nicht auch im Bewußtsein und in der Praxis

der Kirche an den Rand geraten? Wir sprechen vom Schutz der Umwelt und des Lebens, vom Dienst an anderen und am Frieden, von einzelnen Aussagen der kirchlichen Lehre und von der Verwaltung der Sakramente. Das sind zweifellos wichtige Themen. Aber sie können uns so sehr in Anspruch nehmen, daß wir das Ganze dabei aus den Augen verlieren. Dann reden wir schließlich vom Inventar und vergessen das Haus, in dem die Möbel stehen. Oder wir reden über das Haus, als sei dieses selber auch ein Möbelstück. Wir machen Gott zu einem Gegenstand der kirchlichen Inneneinrichtung und vergessen, daß er der ist, „in dem wir leben, uns bewegen und sind". (Apg 17,28).

Eigentlich können wir gar nicht „über" ihn reden. Wir können allenfalls zu ihm rufen, stammelnd von ihm sprechen – unter ihm stehend, so wie man in einer Kirche unter dem Gewölbe steht und nur im Ausschreiten des Kirchenschiffes den Raum selber erfahren kann.

Sie denken vielleicht, die Sache ist doch ganz einfach: „Wir glauben ja alle an einen Gott..." – An welchen Gott glauben wir? Wen meinen wir, wenn wir „Gott" sagen? Diese Frage liegt auch für uns Christen nicht hinter uns, sie steht vor uns. Sie ist nicht erledigt, sondern aufgegeben. Wir müssen das Wort Gott mit unserem Leben durchbuchstabieren. Es kommt darauf an, daß wir dabei die richtigen Buchstaben wählen und sie richtig zusammensetzen, damit nicht „Götze" erscheint, wo Gott stehen sollte.

In der Gottesfrage geht es nicht um blutleere Spekulationen; es geht um uns, es geht darum, wie groß oder klein wir Menschen von uns selbst und von unserer Welt denken. Unser Menschsein, unsere Menschlichkeit steht auf dem Spiel: Sage mir, an welchen Gott du glaubst, und ich sage dir, wer du bist.

Ich möchte Sie darum einladen, der Frage nach Gott in Ihrem Leben Raum zu geben. Die vor uns liegende österliche Bußzeit will uns zu niemand anderem führen als zu Gott. Am Ende dieser Zeit sind wir in der Osternacht bei der Erneuerung des Taufversprechens gefragt: „Glaubt ihr an Gott...?" Wer sich für Gott entscheidet, widersetzt sich den teuflischen Götzen: „Widersagt ihr dem Satan...?" Man kann das eine nicht vom anderen trennen. Wir sind gefragt, wofür und wogegen wir sind. In diese Entscheidung stellt uns das heutige Evangelium von der Versuchung Jesu. Es führt uns vor Gott, den Jesus uns geoffenbart hat, und es entlarvt die Götzen.

Jesu Versuchung führt uns vor Gott

Jesus ist versucht worden, nicht scheinbar, sondern tatsächlich, nicht am Rande, sondern in der Mitte seiner Existenz: In seinem Verhältnis zu Gott. In seiner Auseinandersetzung mit dem Satan zeigt sich, wer Gott ist und wo die Götzen stehen. Die Versuchung entzündet sich an drei entscheidenden Lebensfragen:

Die erste Frage: Wovon leben wir? Das ist keine Allerweltsfrage. Sie stellt sich sehr konkret jedem einzelnen von uns. Viele Menschen heute sind davon bewegt, werden krank an dieser Frage: Wovon lebe ich eigentlich? Worum dreht sich mein Leben?

„Befiehl diesem Stein zu Brot zu werden", rät der Teufel. Die Versuchung ist groß, sich selbst das Brot des Lebens zu machen. Wenn das, was wir uns selbst verdienen und verschaffen, unser ein und alles ist, dann haben wir den Götzen leibhaftig vor uns: ein Machwerk unserer Hände. Es hat viele Namen: Der Besitz kann zum Götzen werden, die gesicherte Position, die Leistung, die Wohnung, das Geld. In all diesen Bereichen stehen Ent-

151

scheidungen an : „Ihr könnt nicht Gott dienen und dem Mammon" (Mt 6,24).

Es genügt nicht, sich mit Selbstgemachtem vollzustopfen. Es geht darum, Erfüllung zu finden. Es ist eine teuflische Versuchung, den Menschen mit eigenhändigen Produkten abspeisen zu wollen. Der Mensch „lebt nicht vom Brot allein". Sehen wir nicht, wie er am „Brot allein" zugrunde geht? Er ist zu groß, als daß er an sich selbst oder an den Dingen der Welt genug finden könnte. In alldem ist etwas zuwenig. Gott allein genügt!

Die zweite Frage: Vor wem gehen wir in die Knie? Der Teufel führt Jesus auf einen Berg, zeigt ihm „alle Reiche der Erde; und er sagt zu ihm: All diese Macht und die ganze Herrlichkeit dieser Reiche will ich dir geben... wenn du mich anbetest" (Lk 4,5–7)

Vor wem gehen wir in die Knie? Vor welchen Autoritäten und Instanzen beugen wir uns? Vor den Herren und Herrschaften der Welt mit ihren Verlockungen oder vor Gott? Die Frage spitzt sich heute zu. Schon vor mehr als vierzig Jahren schrieb Teilhard de Chardin: „Der Tag ist nicht mehr weit, an dem die Menschheit wählen kann zwischen Selbstmord und Anbetung." Dieser Tag ist gekommen. Die Weltmächte rüsten angstbesessen um die Wette. Sind wir dazu verurteilt, uns diesem Bann bedingungslos zu beugen? Die Versuchung ist groß, vor der Rüstung in die Knie zu gehen und von ihr das Heil zu erwarten. Sie kann sich zu einem Götzen verselbständigen, der Sicherheit zu garantieren scheint und in Wahrheit den Tod in sich birgt. Sie hat uns an den Rand des Selbstmordes gebracht. Unsere Generation erfährt, was nie zuvor möglich war: Die Menschheit ist durch Menschen vernichtbar geworden.

Wie ist dieser Bann der Angst zu sprengen, wie anders als durch den Glauben, daß Gott allein Herr ist und die

Herrschaft von Menschen über Menschen beendet. „Du sollst den Herrn, deinen Gott, anbeten und ihm allein dienen!" (Lk 4,8). Das ist wie eine Befreiung, wie eine Erlösung.

Die dritte Frage: Können wir uns auf Gott verlassen? „Stürz dich hinab oben vom Tempel", will der Teufel Jesus einreden (vgl. Lk 4,9–11). „Du mußt dich doch auf den Schutz der Engel verlassen können. Wie willst du es wagen, im Namen Gottes zu sprechen und dein Leben einzusetzen, wenn du keinen handfesten Beweis hast, daß Gott dich trägt. Mach die Probe aufs Exempel."

Jesus lehnt ab. Gott läßt sich nicht als Beweismittel mißbrauchen. Man kann mit ihm nicht experimentieren, man kann sich nicht absichern wollen. Solch garantierter Glaube wäre in Wirklichkeit Unglaube. Wer es mit Gott nur mal versuchen will, der versucht ihn.

Es ist wie bei Menschen, die sich lieben. Da sagt der eine zum anderen: Ich möchte ganz dein eigen sein. Immer will ich mich für dich einsetzen, immer will ich zuerst fragen: Was ist gut für dich? – Das alles wird von Grund auf verkehrt, wenn der andere mich einfach als sein Eigentum betrachtet; wenn er das freie Versprechen, ihm zu gehören, in ein Verfügungsrecht verkehrt. Dann belügt er sich selbst, indem er meine Liebe, die ich ihm nur in Freiheit schenken kann, wie eine platte Gegebenheit verrechnet.

Genau das hat der Teufel im Sinn. Er gibt sich ganz fromm, er führt Gottes Wort im Mund (4,10f.). Man kann das, was Gott den Menschen sein und sagen möchte, auf diabolische Weise verdrehen, unter vollständiger Beibehaltung des Wortlauts. Das ist die satanische Versuchung der Frommen: Die Spannung von Vertrauen und Dankbarkeit, von Liebe und Freiheit wird aufgelöst, der Glauben zu einem Faktor eigener

153

Kalkulation verkehrt, aus dem man Besitzansprüche herleitet. Und ehe wir uns versehen, haben wir es nicht mehr mit Gott zu tun, sondern mit Götzen, und das mitten in der Kirche.

Was habe ich von Gott? Wofür ist er gut? Nützt er mir? In solchen Fragen geht es uns nicht um Gott, sondern um uns selbst. Solange wir so fragen, glauben wir eigentlich nicht. Glaube beginnt dort, wo wir von uns absehen und nach Gott fragen, wo wir nicht nur nach ihm fragen, sondern uns von ihm fragen lassen: Wovon lebst du? Vor wem gehst du in die Knie? Willst du dich mir überlassen? Glaube beginnt dort, wo wir anerkennen, daß Gott ist, und ihn anbeten. – Wir werden wohl nur dann den selbstgemachten Götzen mit ihren Zwängen und Unmenschlichkeiten entgehen, wenn wir uns auf den Weg zu Gott machen. Indem wir ihm begegnen, kommen wir zu uns selbst.

Die Frage nach Gott ist unser aller Thema

Liebe Mitchristen im Bistum Limburg. Dieser Brief ist ein Versuch, im Anschluß an das Evangelium die Frage nach Gott unter uns neu zu wecken. Wer ist unser Gott, und wer sind die Götzen, die uns den Blick auf ihn versperren? – Ich würde mich freuen, wenn Sie sich diesen Fragen in der österlichen Bußzeit stellten. Vielleicht könnten Sie sich im Kreis der Familie oder in Gesprächskreisen der Gemeinde auf dieses Thema einlassen. Ich habe dazu Anregungen zusammengestellt, die Ihnen hilfreich sein könnten. Sie finden diese Handreichung im Schriftenstand.

Die Frage nach Gott ist kein Thema, das nur die Experten angeht. Sie ist unser aller Thema. Jede aufrichtige Erfahrung, die der einzelne im Lauf seines Lebens gemacht hat, ist ein Beitrag dazu. Haben Sie nicht schon Erfahrungen mit Gott gemacht? Jeder von uns hat im Glauben unmittelbar Zugang zu Gott. Darum hat jeder sein Wort zur Sache zu sagen. Die Gemeinde ist der Ort wechselseitiger Ermunterung auf dem Weg zu Gott. – Glaube ist eine Weise, Gott zu suchen und sich von ihm suchen zu lassen. Ich wünsche Ihnen, daß Sie sich auf die Suche machen.

„Laßt euch versöhnen mit Gott!"

Schrifttext: 2 Kor 5,18–6,2

„Es war einmal ein Mann", so erzählt eine Geschichte aus der Weisheit Asiens, „es war einmal ein Mann, den ängstigte der Anblick seines eigenen Schattens so sehr, daß er beschloß, ihn hinter sich zu lassen. Er sagte zu sich: Ich laufe ihm einfach davon. Er stand auf und lief davon. Aber der Schatten folgte ihm mühelos. Er sagte zu sich: Ich muß schneller laufen. Also lief er schneller und schneller, lief so lange, bis er tot zu Boden sank."

Unsere Schatten

Es war einmal ein Mann... – ein Mann – eine Frau – Sie – ich – jedermann. Jedermann hat seinen Schatten, nicht nur wenn die Sonne scheint. Er gehört zu uns, er folgt uns auf dem Fuße. Unsere Schatten haben verschiedene Gestalt.

a) Manche sehen sich ganz in den Schatten gestellt. Sie haben's schwer mit sich und der Welt. Sie leiden daran, daß sie so sind, wie sie sind, nicht so gewachsen

155

wie andere nebenan, nicht mit den Begabungen, die ein anderer hat. Sie werden nicht damit fertig, daß sie im Beruf keine Anerkennung finden, daß sie seit Jahren auf der Stelle treten oder abgeschoben werden.

Manche sitzen abends allein in ihren vier Wänden, ohne einen Menschen, mit dem sie sich aussprechen können, ohne jemanden, für den sie da sind und der sie braucht; allein mit den falschen Lebensentscheidungen, mit den Dunkelheiten des eigenen Daseins.

Es gibt Konflikte, die sich wie ein Schatten über die Familie legen; wenn Eltern auf einmal spüren: Unsere Kinder sind uns fremd geworden, wir verstehen sie nicht mehr. Wir haben versucht, unser Bestes zu geben, und es ist, als ob das alles ins Leere geht. Aber auch: Wenn Kinder spüren, daß der Anspruch großer Worte nicht durch das Verhalten der Erwachsenen gedeckt ist, und enttäuscht ihre eigenen Wege gehen.

b) Schatten werden sichtbar, wenn wir erfahren, daß unser Leben Stückwerk ist, daß vieles von unseren Plänen und hochgesteckten Zielen auf der Strecke bleibt. Wir gehen mit großen Hoffnungen an den Start und enden in Filzpantoffeln ... und schließlich wirft der Tod seine Schatten voraus. Wenn die Sonne sinkt, am Abend des Lebens, werden die Schatten länger ... Viele Menschen haben eine unheimliche Angst vor dem Altwerden.

c) Schatten unserer Endlichkeit, Schatten unserer Lebensgeschichte, dazu gehört auch der Schatten unserer Schuld. Wer von uns kann sagen, daß er einfach gut ist; wer von uns muß nicht zugeben, daß bei aller Liebe irgendwo doch noch ein Stück Selbstsucht mit im Spiel ist. Oft genug machen wir anderen das Leben schwer oder gehen ihnen ans Leben: Wir machen sie herunter, um selbst groß herauszukommen. Wir lassen sie unsere Macht spüren, wenn wir „am Drücker" sind. Wir nutzen sie aus und leben auf ihre Kosten. Das alles erschwert oder zerstört Leben, nicht selten so tief, daß es nicht wiedergutzumachen ist.

Das alles betrifft uns gerade als Christen. Wir wissen nur zu gut: Auch bei uns ist oft der Teufel los, ist oft mehr Schatten als Licht. Wir führen große Worte im Mund. Sieht man uns an, was wir sagen und für wichtig halten? Sind wir anders als andere, oder machen wir einfach nur mit? Nicht selten sind wir recht durchschnittlich, auch kleinkariert, kaum weltbewegend.

d) Wer von uns wird seiner sozialen, öffentlichen Verantwortung gerecht? Klafft nicht ein ungeheurer Abgrund zwischen unserer Verantwortung für die Welt und unserem privaten Dahinleben? Da sitzen wir abends im Fernsehsessel und lassen die Schreckensbilder an uns vorbeirauschen – in Farbe! Und wir hören die Schreie verzweifelter Menschen – in Stereo! Die Fernsehansagerin lächelt, obwohl das, was sie sagt, zum Heulen ist. Sind wir uns bewußt, daß wir mitschuldig werden können an der Verelendung der Dritten Welt, mitschuldig an der Zerstörung der Umwelt, am Wettrüsten?

e) Schatten werden sichtbar, wenn wir in die Geschichte unseres Jahrhunderts (und unseres Volkes) schauen: 1914, 1933, 1939 und schließlich 1945, das Jahr, in dem die erste Atombombe über einer von Menschen bewohnten Stadt gezündet wurde und mit ihrem grellen Licht die Welt in eine noch nie dagewesene Dunkelheit gehüllt hat. Wir sind Menschen dieses Jahrhunderts, Menschen nach Auschwitz, nach Hiroshima. Das ist unsere Geschichte. Sie gehört zu uns (oft regt sie sich in den Träumen!).

Es war einmal ein Mann, den ängstigte der Anblick seines eigenen Schattens so sehr, daß er sagte: Ich laufe ihm einfach davon. In der Tat: Es ist oft zum Davonlaufen. Der Anblick des eigenen Schattens kann uns Angst einjagen. Zum Davonlaufen... Weg von den Konflikten, weg von den zerbrochenen Beziehungen, weg von den Halbheiten und Inkonsequenzen, von Versagen und Schuld, weg, weit weg, ja nichts mehr davon hören, ja nichts mehr davon sehen. – So sind wir auf der Flucht vor unserem Schatten. Aber er sitzt uns auf den Fersen, er folgt uns mühelos. Noch, wenn wir auf der Flucht zusammenbrechen, unser Schatten bleibt.

Der Ort zum Aufatmen

Muß die Schatten-Geschichte so enden, daß man sich totläuft? Nein, es gibt noch eine andere Möglichkeit. Die Erzählung deutet sie an, in einem Nachsatz: „Wäre der Mann in den Schatten eines Baumes getreten, so wäre er seinen eigenen Schatten losgeworden. Aber darauf kam er nicht." – Wie hätte er auch darauf kommen können, als er aus Angst vor seinem Schatten blindlings die Flucht ergriff? Man muß sehen lernen – und sich stellen, unter den Baum. Wo ist ein Baum, der unseren Schatten aufnimmt? Hier sind wir mit unserer Geschichte am Ende. Hier beginnt eine andere Geschichte, Gottes Geschichte mit uns. Gott hat sich der Sache angenommen, er hat sich unserer Schuld angenommen. Er hat in unserer Mitte einen Baum aufgerichtet: den Baum des Kreuzes. Und er lädt uns ein, uns unter das Kreuz zu stellen.

Wer das tut, der muß nicht mehr von Angst gejagt vor seinem Schatten davonlaufen. Er darf sich aufgenommen und geborgen wissen. Dann kann er innehalten und sich seinem Schatten stellen. Er kann die finsteren Punkte wahrnehmen, die Dunkelheiten, die zu ihm gehören, sein Versagen, seine Pleiten, seine Sünden. Er kann dazu stehen, weil er sich geborgen weiß. Er mußt sie nicht bei anderen suchen oder in den namenlosen Strukturen, er kann an seine eigene Brust schlagen. Er muß sie nicht verharmlosen, er kann sie so ernst nehmen, wie sie sind. Er muß sich nicht herausreden, er kann sie sich eingestehen und sie aussprechen, dem anderen gegenüber, nicht zuletzt im Sakrament der Versöhnung. Das ist wie eine Befreiung wie eine Erlösung – in der Tat ein erlösendes Wort.

Gott lädt uns ein, daß wir uns unter den Baum des Kreuzes stellen. Damit sind nicht mit einem Schritt alle Probleme gelöst und alle Konflikte versöhnt. Wer wollte das sagen – unter dem Kreuz! Damit ist unser Versagen nicht entschuldigt. Damit ist der Anspruch der Nachfolge Jesu nicht zurückgenommen. Aber wir haben einen Ort gefunden, wo wir stehen können. Wenn die Angst uns jagen will, sind wir im Schatten des Kreuzes geborgen. Ob nicht viele Menschen, vom Schatten gejagt, auf der Flucht sind, weil sie den Baum des Kreuzes nicht mehr wahrnehmen? Ob nicht – andererseits – viele Gott nicht mehr wahrnehmen, weil sie sich ihre Schuld nicht eingestehen? Das ist wie ein Teufelskreis!

Die Einladung des Evangeliums

Das ganze Evangelium ist eine Einladung, sich in den Schatten des Kreuzes zu stellen. Ich gebe diese Einladung an Sie alle weiter mit dem Wort des Apostels Paulus: „Gott war es, der in Christus die Welt mit sich versöhnt hat... und uns das Wort von der Versöhnung (zur Verkündigung) anvertraute. Wir sind also Gesandte an Christi Statt, und Gott ist es, der durch uns mahnt. Wir bitten an Christi Statt: Laßt euch mit Gott versöhnen!"

Was können wir, die wir im Dienst des Evangeliums

stehen, Besseres tun als das Wort der Versöhnung wei-
terzusagen. Der diesjährige Fastenhirtenbrief ist ein Versuch, die Frage nach Sünde und Vergebung unter uns
neu anzuregen: Was heißt „Schuld", „Sünde", und was
ist „Versöhnung mit Gott"? Wo ist mein Schatten, wie
finde ich Vergebung? Ich lade Sie ein, sich diesen Fragen in der österlichen Bußzeit zu stellen. Vielleicht können Sie sich im Kreis der Familie oder in Gesprächskreisen der Gemeinde auf dieses Thema einlassen. Ich habe
dazu einige Anregungen zusammengestellt. Sie finden
Sie als Handreichung im Schriftenstand.

Wenn die verschiedenen Formen kirchlicher Buße, so
fragwürdig sie auch bisweilen praktiziert sein mögen,
eins durchgehalten haben und weiter durchhalten müssen, dann dies: Es geht nicht nur darum, daß wir uns untereinander versöhnen: „Laßt euch versöhnen mit
Gott!" Was wäre denn auch gewonnen, wenn wir mit all
unserem Reden am Ende wieder nur vor unserer eigenen
Tür stehen und feststellen, daß unser Haus leer ist und
ohne Verheißung, daß es uns Angst einjagt, Angst zum
Davonlaufen. Daher: „Laßt euch versöhnen mit Gott!"
Er reicht uns seine Hand und hält uns über dem Abgrund unserer Ängste.

Wer darauf vertraut, der braucht nicht mehr davonzulaufen, wenn er den unerledigten Wust seines Lebens
vor sich liegen sieht und ihn der Bodensatz der Geschichte unserer Gesellschaft und der Kirche anekelt.
Wo die Angst uns jagen will, da können wir dank Gottes
Erbarmen standhalten. Wir dürfen andere einladen, mit
in den Schatten *des* Baumes zu treten, den ER für uns
und für alle aufgerichtet hat. Das läßt hoffen. Für Welt
und Kirche und für uns selbst.

Der Dom an der Autobahn –
Sinnbild und Herausforderung

Schrifttext: Offb 21,3–8

1985 – dieses Jahr ist für unsere Diözese von besonderer Bedeutung. Vielerorts arbeiten seit Monaten Gruppen an dem Thema „Pastoral nach 1985": Wie soll es weitergehen mit der Seelsorge in unserem Bistum auf dem Weg ins dritte Jahrtausend? Wie können wir glaubwürdiger Kirche werden und dadurch einladender sein für andere?

Das Jahr 1985 läßt uns nicht nur in die Zukunft schauen, sondern auch in die Vergangenheit. Wir feiern Jubiläum: 750 Jahre Limburger Dom. Unser Blick geht also nach vorn und zurück. Widerspricht sich das? Ganz und gar nicht! „Wer die Vergangenheit nicht kennt, den kann es die Zukunft kosten" (Reiner Kunze). Wer nicht weiß, woher er kommt und wem er sich verdankt, wird kaum entdecken, wohin er gehen soll. Indem wir unsere Herkunft wahrnehmen, dienen wir der Zukunft. Unser Dom soll uns den Anstoß geben, in der österlichen Bußzeit den Auftrag unserer Limburger Bistumskirche auf die Zukunft hin neu wahrzunehmen.

Der Dom – ein Vermächtnis

Was macht den Dom so kostbar? Manche Dinge, die wir besitzen, sind kostbar, weil sie viel gekostet haben: das Auto, das Haus, die Wohnungseinrichtung... Es gibt Kostbarkeiten, die mit Geld nicht zu bezahlen sind. Ein Ring, von der Mutter oder Großmutter ererbt, von Generation zu Generation weitergegeben, ist unbezahlbar. Es ist ja nicht nur der Stein, der ihn kostbar macht. Es hängt viel mehr daran: eine Lebens- und Familiengeschichte, der unersetzliche Wert von Menschen, die ihn getragen haben.

So ist es auch mit unserem Limburger Dom. Wer ihn besucht, kann das spüren. Es ist nicht der Nutzwert, der ihn so kostbar macht. Wenn wir heute einen Bau planen, denken wir ganz selbstverständlich an seine Funktion, seinen Nutzen und Zweck. Wir fragen: Wieviel Sitzplätze müssen wir haben? Wie sind die Räume am wirtschaftlichsten zu beheizen? Wie ist die Luftzirkulation zu regeln? ... Solche Fragen gehen am Dom vorbei. Was sollen die hohen Gewölbe? Die Decke hätte man doch viel einfacher machen können ... Was sollen die gewaltigen Türme? Nutzloser Raum, denken wir vielleicht. Die den Dom gebaut haben, dachten anders.

Was waren das für Menschen? Was hat sie bewegt, damals, vor 750 Jahren? Wir meinen vielleicht: Noch nicht aufgeklärt, unterentwickelt! Durch religiöse Vorstellungen im finsteren Mittelalter verhaftet! Arm dran, weil sie nicht wußten, wie man kalkuliert und was von Nutzen ist! – So einfach werden wir mit ihnen nicht fertig. Aus diesem Bauwerk spricht eine unerhörte Ruhe und innere Kraft. Was immer die Menschen damals gedacht haben, wie klein ihre Welt im Vergleich zu der unseren gewesen sein mag, es war eine Welt mit Maßen. Der Mensch kannte zwischen Himmel und Erde seinen eigenen Ort. Der Dom auf dem Felsen, Ort der Eucharistie und der Anbetung, erscheint wie der Mittelpunkt einer in Gott geordneten Welt. Er ist ein Vorentwurf dessen, was uns im letzten Buch des Neuen Testamentes verheißen ist: Die himmlische Gottesstadt verbindet sich mit unserer Welt zu einem neuen Himmel und zu einer neuen Erde. „Haus Gottes unter den Menschen" (Offb 21,3 f).

Daher die Harmonie, die Gliederung des Baukörpers durch Säulen, Bögen, Etagen, Fenster. Daher die Anziehungskraft, wenn wir aus der dünnen Luft unserer modernen Zweckbauten in diesem Raum eintreten, ihn durchwandern und uns schließlich irgendwo niederlassen. Der Dom, jenseits menschlicher Zwecke und Nützlichkeitserwägungen zur Ehre Gottes erbaut, erweist sich gerade so als überaus menschenfreundlich. Wo der Mensch gegen alles Kalkül Gott Raum läßt, da kann er frei atmen, da findet er sich selbst. Die Vision einer in Gott geordneten Menschenwelt läßt uns fragen, wo wir eine Bleibe haben.

Wo haben wir eine Bleibe?

In gleicher Höhe zum Dom spannt sich heute die Autobahn über das Lahntal. 50 000 Autos rollen täglich darüber. Ihr „Lärmschleier" liegt Tag und Nacht über der Stadt. Es gibt kaum ein eindrücklicheres Symbol unserer Lebenswelt als die Autobahn; sie ist in der Horizontalen das genaue Gegenstück zum Dom: schnell, laut, wirtschaftlich, ruhelos. Sie ist Kennzeichen einer „mobilen Gesellschaft", in der man ständig in Eile ist, überholt oder überholt wird.

Wir leben in einer Welt, die uns immer neu zum Aufbruch reizt und uns Menschen begegnen läßt, die ihrerseits „auf dem Sprung" sind: Pendler, Schüler, Touristen, Ausländer... Eine Welt der Fremden! Kennen wir die Namen der Menschen, denen wir begegnen? In der allgemeinen Namenlosigkeit kann man funktionieren, aber nicht leben. Vielen bleibt da nur noch der Rückzug in die eigenen vier Wände, in den Privatraum. Muß es uns nicht nachdenklich machen, wenn heute die Städte mit großer Energie daran arbeiten, in Fußgängerzonen, Parkanlagen oder sozialen Bauten Möglichkeiten zur Begegnung zu schaffen?

Je höher die Bankhäuser und je weitläufiger die Sportstätten werden, um so deutlicher entdecken wir die wohltuenden Maße des Menschlichen, die uns in den Kirchen überliefert sind: öffentliche Räume, über den Kirchplatz an das Leben im Ort angeschlossen. In Nischen und Seitenkapellen bieten sie dem einzelnen und Gruppen Entspannung und Ruhe. Hier kann man aufatmen.

Ob da nicht auch die Anziehungskraft unseres Domes liegt? Er lockt im Laufe eines Jahres weit über 300 000 Besucher an, nimmt sie auf, gewährt ihnen Platz, lädt sie zur Besinnung ein und zum Gebet. Was geht in ihnen vor, wenn sie in das Kreuzgewölbe hinaufschauen? Welche Gefühle werden in ihnen wach? Neugier, Staunen, Widerspruch, Erinnerungen an die Kindheit? Was klingt in ihnen nach, wenn sie später wieder über die Autobahn nach Norden oder nach Süden davonfahren?

Zwischen Dom und Autobahn

Wo gibt es für uns „Nomaden des 20. Jahrhunderts" eine Bleibe? Die Antwort des Glaubens lautet nicht einfach nur: „Kommt in die Kirche! Dort findet ihr sie!" Die Heilige Schrift sagt: „Wir haben hier keine Stadt, die bestehen bleibt, sondern wir suchen die künftige" (Hebr 13,14). Wir sind nicht am Ziel, wir können uns nicht in ein fertiges Nest setzen. Auch unser schön renovierter, kostbarer Dom ist kein solches Nest, sondern eine Vision dessen, woraufhin wir unterwegs sind.

Der Bau, der im Kommen ist und dem die Zukunft Gottes gehört, setzt sich aus Menschen zusammen. Der Bauplatz dieses neuen Gebäudes ist unser alltäglicher Lebensraum „zwischen Dom und Autobahn". Dort führt Gottes Geist Menschen zusammen: Wenn einer des anderen Last trägt; wenn wir in seinem Namen und in seiner Treue zueinanderstehen; wenn wir uns gegenseitig trotz unserer Grenzen ertragen; wenn wir einander sieben mal siebzigmal vergeben... So wächst das Haus aus lebendigen Steinen und bietet allen Bewohnern und den Fremden, die uns besuchen, Rast und Lebensmut, ein gutes Wort und einen Tisch, an dem wir aufatmen und uns für das nächste Wegstück stärken können. „Haus Gottes unter den Menschen..."– ein Ort, an dem wir selber unseren Platz finden und für andere zur Herberge werden dürfen. Können wir uns auf diese doppelte Verheißung einlassen? Ich möchte Sie zum Fragen anregen:

Wie habe ich bisher die Kirche gesehen? Fühle ich mich trotz meiner Spannungen zwischen Anhänglichkeit und Ärger, Enttäuschung und Begeisterung als wichtiges Glied dieser Kirche? Welche Erfahrungen mit der Kirche wünsche ich meinen Kindern? Was trage ich selbst zur Ermöglichung solcher ersehnten Erfahrungen bei?

Kann ich ertragen, daß es verschiedene Einstellungen zur Kirche und in der Kirche gibt? Oder wurmt es mich, daß nicht alle so denken wie ich? Glaube ich daran, daß der Geist Gottes weht, wo *er* will (vgl. Joh 3, 8), nicht nur dort, wo ich ihn gern haben möchte?

Traue ich der Kirche einen ernsthaften Beitrag zu im Hinblick auf die Zukunft der Menschheit, auf die Zukunft der Kinder? Wo sehe ich für mich Möglichkeiten, bei der Vorsorge für künftige Lebensbedingungen mitzuwirken?

Bejahe ich, daß die Kirche nicht nur für mich da ist, nicht nur für uns Katholiken, nicht nur für uns Europäer, daß sie vielmehr für alle Menschen da ist, die Asyl suchen, Orientierung auf dem Weg, Trost im Leid und

Hoffnung für ihr Leben? Wie kann die Kirche durch mich, durch unsere Gemeinde einladender werden?

Viele Fragen werden wach, sobald wir unser Domjubiläum nicht nur im Blick nach rückwärts, sondern zugleich im Blick nach vorn begehen. Wir müssen uns für ihre Beantwortung Zeit lassen. Sie regen an zum gemeinsamen Gespräch. Die vierzig Tage der österlichen Bußzeit, die vor uns liegen, laden dazu ein. Und vielleicht besteht unser Um-kehren gerade darin, daß wir uns vorschnelle Antworten versagen und statt dessen neu und ernsthaft die Frage stellen, was Gott heute von uns will. Die gemeinsame Besinnung auf diese Frage und der Austausch von Einsichten und Erfahrungen könnten der Beginn einer Erneuerung werden.

Wer sich vom Geist Gottes leiten läßt, der wird auf Wege geraten, die weiterführen als bis zur Klage über die derzeitige kirchliche Situation. Er wird lernen, die verborgenen Wege Gottes zu entdecken und mitzugehen, auch durch Wüsten. Die Wallfahrten der Bezirke zum Dom könnten uns die Erfahrung der Weggemeinschaft schenken. Ich lade Sie alle herzlich dazu ein.

In den vergangenen Jahren war ich bei vielen Menschen und in vielen Gemeinden unseres Bistums zu Gast. Nun spreche ich die Gegeneinladung aus. Ich werde in diesem Sommer in Limburg sein, um Ihnen in der Feier unseres Domjubiläums zu begegnen. Darauf freue ich mich.

Als Priester in der Gemeinde Jesu Christi

Schrifttext: Joh 3,16–21

Die Frage

Was sagen Sie, wenn ein junger Mann Ihnen eines Tages erklärt, er wolle Priester werden? Werden Sie ihn ermutigen? Werden Sie ihm abraten? Die Zeiten sind vorbei, in denen Verwandte und Freunde sagen: „Großartig! Ich freue mich darüber." Eher werden sie zögern oder den Kopf schütteln, und sie werden ihre Gründe dafür haben.

Ich kann gut verstehen, daß Eltern heute unsicherer sind als früher, ob sie ihren Sohn ermutigen sollen, Priester zu werden. Wird er in der Ehelosigkeit die Erfüllung seines Lebens finden und nicht vereinsamen? Wird er mit seinen Ideen und Idealen in den Strukturen der Kirche zum Zuge kommen? Ist er als Pfarrer mehrerer Gemeinden nicht überfordert? Wird er verkraften, daß ihm – alles in allem – der Gegenwind eines ungläubigen Bewußtseins kräftig ins Gesicht weht? – All diese Bedenken haben ihr Gewicht.

Trotz alledem kommen auch heute junge Männer auf den Gedanken, Priester zu werden. Ihre Zahl scheint sogar etwas zu steigen. Mit vielen ihrer Altersgenossen sind sie nicht selten von der Frage umgetrieben, wie es mit unserer Welt weitergehen soll. Sie spüren, daß Gottes Wort vom Frieden und von der Gerechtigkeit für alle Menschen kaum je drängender uns aufgetragen ist als heute. Viele von ihnen sehnen sich danach, daß etwas davon in ihrem Leben Wirklichkeit wird. Das lockt sie mehr als Konsum und Karriere. Sie träumen von einer Kirche, die für die Menschen da ist, nicht nur auf das eigene Überleben bedacht, sondern auf die Rettung aller, gerade der Ärmsten und der Schwachen. Sie möchten dafür leben, daß „der Geschmack an Gott nicht verlorengeht" (Saint-Exupéry) und unsere Gemeinden zum Ort der Hoffnung werden für die ungeahnten Möglichkeiten Gottes. Sie wählen die Ehelosigkeit als Zeichen dieser Hoffnung.

Sollen wir ihnen das ausreden? Das kann ich nicht. Ich werde es ihnen nicht einreden. Aber ich möchte alles tun, daß sie den Weg entdecken, auf den Gott sie ruft. Unsere Welt würde ärmer, wenn Menschen nicht zu ihrer gottgewollten Lebensmöglichkeit finden. Sie selbst würden ärmer.

Der gemeinsame Weg

Warum finden solche jungen Leute in unseren Gemeinden kaum Ermutigung? Was uns das Konzil aufgetragen hat, ist noch zuwenig zu spüren: ein vertrauensvolles Miteinander von Priestern und Laien. Wir nennen uns zwar „Schwestern und Brüder", verstehen uns aber allzuoft als Konkurrenten. Laien fühlen sich von Priestern und Bischöfen oft nicht ernst genommen, von oben herab belehrt und bevormundet, in ihrer Lebensform als Eheleute, in der Mühsal der Erziehung ihrer Kinder nicht wirklich geachtet, in die Verantwortung für die Gemeinde nicht hinreichend einbezogen. Und umgekehrt meinen Priester nicht selten, sie müßten gegenüber den Laien ihre Autorität verteidigen, sie würden in ihrer Lebensform nicht verstanden und in ihren besten Absichten nicht mitgetragen.

Sicher hat sich in den vergangenen Jahren manches zum Besseren entwickelt. Wir sind auf dem Weg, uns in unserer unterschiedlichen Verantwortung anzuerkennen und miteinander Volk Gottes zu sein. Die Priester lernen, daß sie nicht allein Verantwortung tragen für die Kirche, sondern um sich herum eine Fülle geistgewirkter Begabungen entdecken können. Wichtige seelsorgliche Aufgaben werden von Laien wahrgenommen; ich denke an den unverzichtbaren Dienst der pastoralen Mitarbeit, aber auch an die verantwortungsvolle Aufgabe der ehrenamtlichen Katecheten bei der Hinführung zu den Sakramenten. In charismatischen Gruppen, in Gebets- und Familienkreisen sind geistliche Bewegungen von Laien unter uns aufgebrochen.

Ich möchte keine Notstände seligpreisen, aber vielleicht sollten wir doch die Chancen des Priestermangels ebenso ernsthaft vor Gott bedenken wie die Verlegenheiten und Belastungen. Wenn heute in unserem Bistum viele Priester mehreren Gemeinden vorstehen, so hat dieser Notstand zweifellos manche Eigenverantwortung und Begabung geweckt, die früher zugedeckt und unentwickelt geblieben ist. Wir erkennen, daß es Sache aller Glieder der Kirche und jedes einzelnen Gliedes ist, den Glauben weiterzugeben.

Dadurch wird der Auftrag des Priesters nicht zurückgedrängt oder überflüssig. Im Gegenteil: Je mehr die Gemeinde lebt und ihre Sendung für die Welt wahrnimmt, desto unverzichtbarer ist sein Dienst. Nicht als sei es seine Aufgabe, alles in der Gemeinde allein zu entscheiden oder gar selbst zu tun. Er hat die unterschiedlichen Begabungen zu fördern und einander zuzuführen, den Dienst der Einheit und Versöhnung wahrzunehmen. Er ist Bindeglied zum Bistum und zur Gesamtkirche. Er hat für seine Gemeinde einzustehen, nicht zuletzt im Gebet vor Gott. Sein Amt, das im Sakrament der Weihe begründet ist, steht für die grundlegende Bedeutung der Sakramente in der Gemeinde. In seiner Existenz, in der Verkündigung des Evangeliums und vor allem in der

Feier der Eucharistie bezeugt er, daß die Gemeinde nicht aus sich selbst lebt, sondern aus Gott.

Denkanstöße

Schlechte Zeiten zu bejammern, ist vertane Zeit. Wir haben die Herausforderung und Chance unserer Zeit anzunehmen, die genauso Zeit Gottes und des Wirkens seines Geistes ist wie andere Zeiten der Kirchengeschichte. Ich möchte Ihnen drei Denkanstöße zum Beruf des Priesters geben:

1. Für die Zukunft des Priesterberufs hängt viel davon ab, daß wir zu einem neuen Zueinander von Amt und Gemeinde finden, von Priestern und Laien. Es ermutigt junge Menschen, wenn sie erfahren: Wir sind nicht dazu verurteilt, mitten in der Gemeinde zu vereinsamen; wir werden vom Vertrauen und der Aufmerksamkeit der Gemeinde mitgetragen – auch in Zeiten besonderer Belastungen und Krisen. Der heilige Augustinus sagt in der Predigt zu seiner Bischofsweihe: „Wo mich schreckt, was ich für euch bin, da tröstet mich, was ich mit euch bin. Für euch bin ich Bischof, mit euch bin ich Christ. Jenes bezeichnet das Amt, dieses die Gnade, jenes die Gefahr, dieses das Heil." Wenn Priester mehr erfahren, *mit* allen in der Gemeinde Christ zu sein, ermutigt sie das, *für* die Gemeinde Priester zu sein. Nicht die Abgrenzung, sondern das Zusammenspiel läßt den Glauben wachsen und fördert den Priesterberuf.

2. Nicht selten wird in der Kirche einer schlechten Arbeitsteilung das Wort geredet: Die Priester sind für den geistlichen Bereich zuständig und die Laien für die Welt. Diese Einteilung ist dem Evangelium fremd. Jeder, der zur Gemeinde Jesu Christi gehört und sich seinem Geist öffnet, ist ein geistlicher Mensch. Und jeder,

der in der Gemeinde Jesu ein Amt wahrnimmt, tut es nicht nur für die Kirche, sondern für das Heil der Welt. Laien, die aus dem Glauben leben, haben auch ein Urteil in geistlichen Dingen, nicht nur zur Organisation des Pfarrfestes. Und Priester sind immer wieder auch Anfänger im Glauben. Sie müssen nicht alles wissen, nicht alles verteidigen; sie dürfen sich verstehen als Bruder in der Bedrängnis, in der Geduld und im Hoffen auf das Reich Jesu Christ (vgl. Offb 1,9).

Ich möchte junge Menschen nicht dazu weihen, daß sie ausschließlich als Sakramentenspender in den Gemeinden hin und her pendeln und sich schließlich nur noch in der Sakristei auskennen. Ich wünsche mir für die Kirche der Zukunft auch keine Laien, die in Sachen des Glaubens unmündig bleiben. Ich wünsche mir Gemeinden und Priester, die sich gemeinsam auf den Weg des Glaubens machen.

3. Wir dürfen uns nicht gegenseitig vom Anspruch des Evangeliums dispensieren. Zu den großen Überraschungen der letzten zehn Jahre gehören die religiösen Aufbrüche in unserer Gesellschaft, besonders in der Jugend. Wer hätte vor zehn Jahren damit gerechnet, daß der Zauber des Fortschritts und der Veränderung so schnell in Nachdenklichkeit, Trauer und in ein neues Suchen nach überzeugenden Maßstäben gelungenen Lebens umschlagen würde? Es gibt einen neuen Hunger nach dem Evangelium, es gibt Kritik an Religionsunterricht und Predigt, wenn sie diesen Hunger nicht stillen; es gibt einen Widerwillen gegen ein allzu „billiges Christentum", das gerade viele Jugendliche unterfordert. Es regt sich eine neue Verantwortung in Sachen Frieden und menschenwürdiger Welt, die im Haus Gottes selbst Beachtung verlangt.

Wir dürfen die Priester nicht damit entschuldigen,

daß sie soviel zu tun haben, sondern müssen sie in ihrer ureigensten Berufung in Anspruch nehmen und ihnen so helfen, die richtigen Schwerpunkte zu setzen. Sie können nur gute Seelsorger sein, wenn sie in dem Besten, was sie zu geben haben, gefordert werden. Umgekehrt dürfen und müssen die Priester den Gläubigen das Evangelium zumuten. Dann wachsen ihnen Helfer und Freunde zu.

Viele versprechen sich heute von einer Aufhebung des Zölibatsgesetzes die Lösung der Frage des Priestermangels. Dieser Meinung bin ich nicht. Ich weiß, daß vieles dazu zu sagen ist. In der Tat: Die Verpflichtung zur Ehelosigkeit erregt Anstoß. Aber wenn der Glaube nicht mehr anstößig ist, verrät er sich selbst und stößt schließlich auch nichts mehr an.

Wer ist gefragt?

Zur besonderen Verantwortung meines Amtes gehört es, in unserem Bistum durch Gebet und Handauflegung Priester im Namen Jesu Christi und unserer Kirche zu weihen und sie in die Gemeinden zu senden. Die personellen Engpässe könnten uns dazu verführen, den Anspruch zu senken und die zum Priesteramt zuzulassen, die – mehr unbewußt als bewußt – im Windschatten der Kirchenmauern eine Nische suchen. Dieser Versuchung müssen wir widerstehen. Uns rettet kein Priestertum „zu herabgesetzten Preisen". Gefragt sind junge Menschen, die begeistert genug sind, den Aufbruch aus einer „Welt ohne Gott" zu wagen, die nüchtern genug sind zu sehen, daß das Leben eines Priesters bei aller Erfüllung auch Enttäuschungen bringt, die mutig genug sind, sich nicht mit bequemen Antworten und Absicherungen zufriedenzugeben, die leidenschaftlich genug sind, Gott als die große Liebe ihres Lebens zu entdecken. – An junge Leute, die erwägen, vielleicht Priester zu werden, habe ich zusammen mit Studenten, die bereits auf diesem Wege sind, einen eigenen Brief geschrieben. Er liegt am Schriftenstand aus.

Manche sagen heute: Die Welt ist nicht mehr zu retten. Wir glauben: Die Welt ist schon gerettet, durch Jesus Christus. Das gilt es aller Welt zu bezeugen. Beten Sie mit mir, daß junge Menschen dem Ruf Jesu als Priester folgen.

IX

Spuren der Zeit

Die Chance der Krise

Die Diagnose scheint klar; der Patient wird krankgeschrieben, es geht ihm schlecht. Der Patient: Das ist die Zeit, unsere Zeit. Sie fühlt sich nicht besonders gut, es geht ihr schlecht. Schlechte Zeiten ... Manche sagen zwar: ‚Wir haben die Talsohle durchschritten. Der Aufschwung zeichnet sich ab, Silberstreifen am Horizont!‘ Andere bleiben skeptisch: ‚Die Zeiten sind schlecht. Früher, in den 60er und 70er Jahren – das waren noch Zeiten. Da ging's uns gut. Aber heute?‘ – Kann man die Diagnose klarer fassen?

Was macht die Zeiten schlecht? Was macht die Zeiten gut? Wer beurteilt das, und nach welchem Maßstab?

Allmacht der Wirtschaft?

Wer spricht das Urteil über unsere Zeit? Es scheint ein ungeschriebenes Gesetz zu sein, daß die wirtschaftliche Konjunktur dafür maßgebend ist. Entscheiden also die Wirtschaftskonzerne, ob wir gute oder schlechte Zeiten haben? Was ist das für eine Gesellschaft, die Zeit und Zukunft im wesentlichen nach dem wirtschaftlichen Fortschritt mißt? Ist das der verheißene Fortschritt der Menschheit, oder schreitet hier die Unmenschlichkeit fort?

Haben Sie das schon einmal bedacht?: Heute sind fast alle Lebensbereiche durch die Wirtschaft geprägt. Das zeigen die Fragen an, die uns beherrschen: ‚Was bringt das? Rentiert sich's? Was kommt dabei heraus?‘ Wir leben in einer Welt, in der Geld mehr zählt als Weltanschauung. Die scheint beliebig und in jedem Fall Privatsache. Die Wirtschaft hat alle und alles erfaßt und durchsetzt. Sie scheint allgegenwärtig, allmächtig. Selbst Politiker, die von einer geistigen Wende sprechen, sagen: ‚Erst muß die Wirtschaft laufen, dann können wir etwas für die Familie tun. Erst muß die Wirtschaft wieder flottgemacht werden, dann können wir mehr für die Bildung tun, für die Ausländer und für die Entwicklungshilfe! Also hängt die Wende im wesentlichen von der Wirtschaft ab? Bringt die wirtschaftliche Wende die geistige Wende? Das sagt Karl Marx! Man darf es bezweifeln.

Allgegenwart der Wirtschaft! Wie sieht das in der Kirche aus? Bestimmt der Glaube das Geld oder das Geld den Glauben? Vor einigen Wochen sagte ein Pfarrer in einer Konferenz: ‚Erst muß eine neue Kirche gebaut werden, dann kann ich mit der Seelsorge beginnen.‘ Das charakterisiert die letzten Jahrzehnte: Kirchenneubauten, Umgestaltungen des Chorraums, neue Pfarrheime – verbunden mit der Hoffnung, daß neue Bauten, Institutionen, Apparate eine Wende bringen, Umkehr und Erneuerung bewirken. Die Rechnung geht offenkundig nicht auf.

Verstehen Sie mich recht: Ich möchte keine Attacke gegen Wirtschaft und Wohlstand reiten. Auf den Wohlstand zu schimpfen ist billig. Niemand kann wünschen, daß wir keine Arbeit oder kein Brot haben. Aber es scheint doch, daß wir uns selbst immer fremder werden, je mehr die Wirtschaft unser ganzes Leben bestimmt.

Am Ende graut uns bei aller Fortschrittlichkeit so sehr vor unserer Zukunft, daß wir nicht einmal mehr unsere eigenen Nachfahren sein möchten und unfähig sind, Jugendlichen Lebensperspektiven zu geben.

Gute Zeiten?

Wer spricht das Urteil über unsere Zeit? Kann man sagen, daß die hinter uns liegenden zwei Jahrzehnte wirklich gute Zeiten gewesen sind? Haben wir tatsächlich gute Jahre gehabt? Wir haben die Kaufkraft stark entwickelt. Und am Ende denken wir: alles sei zu kaufen, und (schlimmer noch): das Käufliche sei alles! Fast ist man versucht zu sagen: Je mehr wir haben, desto ärmer sind wir geworden.

Wir sind arm an Gütern, die nicht zu kaufen sind. Zeit ist knapp. Wer hat schon Zeit, Zeit füreinander? Treue und verläßliche Beziehungen sind knapp, Beziehungen, die über den Tag hinaus gelten, die ein Leben lang tragen; die werden immer seltener. Sinn ist knapp. Was soll das Leben? Was hat das ganze für einen Sinn? Früher wußten die Menschen eine Antwort darauf, die sie trug. Heute sind viele, gerade junge Menschen, in dieser Sache ratlos und steigen aus. Sie haben gelernt, wie man zu Geld kommt, nicht aber, wie man zu Sinn kommt. Und dann sind sie schließlich am Ende mit ihrem Leben, bevor sie eigentlich angefangen haben.

Gute Zeiten? Am Ende kommt das große Erwachen, über Nacht. Wir merken, daß wir im Regen stehen, im sauren Regen. Zunächst scheint es so, als sei alles beim alten geblieben: Die Sonne scheint und die Bäume blühen. Dann kommt auf einmal der große Kahlschlag! Es stellt sich heraus: So gut waren die guten Zeiten gar nicht. Sie haben die Atmosphäre vergiftet. Wenn die

Wirtschaft allein alles beherrscht, dann ist am Ende alles verseucht, nicht nur die Luft und der Wald. Ganz allmählich, kaum daß wir es merken, wird die Frage nach Gott ausgelöscht. In einem ganz tiefen, letzten Sinn gilt dieser lapidare Satz der Bergpredigt: „Ihr könnt nicht Gott dienen und dem Mammon" (Mt 6,24).

Schlechte Zeiten?

Vielleicht sind die sogenannten schlechten Zeiten doch gar nicht so schlecht. Vor einigen Wochen saß ich mit Freunden zusammen. Wir fragten uns: Was hat mich am nachhaltigsten geprägt? Die allermeisten im Kreis verdankten ihre stärksten, lebensbestimmenden Erfahrungen und Eindrücke Krisenzeiten, schmerzlichen, einschneidenden Erlebnissen. Einer sagte, die entscheidenden Erfahrungen seines Lebens habe er in der russischen Gefangenschaft gemacht: „Die Zeit möchte ich auf keinen Fall missen ..."

Eigenartig, das ist doch – weiß Gott – eine schlechte Zeit gewesen: Kriegszeit, Nachkriegszeit, Gefangenschaft. Man darf sie – um des Himmels willen! – nicht verklären oder herbeireden wollen. Und doch sagen Menschen von solchen „schlechten Zeiten": ‚Ich möchte sie nicht missen. Sie haben mich unterscheiden gelehrt zwischen der Spreu und dem Weizen des Lebens. Sie haben gezeigt, worauf es ankommt.'

Eine Krise kann die Stunde der Wahrheit sein, die Stunde des Anrufs: Es kann nicht einfach so weitergehen wie bisher. Die Krise stellt uns! Manchmal erfahren wir erst dann, wovon wir überhaupt leben. Das kann befreiend sein, endlich zu sehen, was zu tun und was zu lassen oder zu verlassen ist.

Werden wir in der Krise, die unsere Gesellschaft erfaßt hat, lernen, daß das Heil nicht in der Wirtschaft zu suchen und zu finden ist? Der Mensch läßt sich nicht mit den Produkten der Erde abspeisen. Er ist zu groß, als daß er an sich selbst oder an den Dingen der Welt genug finden würde. In allem ist etwas zu wenig. Gott allein genügt.

Das haben wir zu bezeugen, mit unserem Leben: Gott allein genügt! Merkt man uns das an? Lernen das die Kinder von uns?: „Ihr könnt nicht Gott dienen und dem Mammon."

Es hat keinen Sinn, die schlechten Zeiten zu verteufeln und die Dunkelheit zu bejammern. Besser ist es, ein Licht anzuzünden, das Licht anzuzünden, das uns von Weihnachten her leuchtet und uns erleuchten möchte.

Dies ist die Zeit der Gnade und der Sünde
Und unsere Zeit, die nimmer wiederkehrt,
Da Gott das Herz, das tiefverwirrte, lehrt,
Daß im Weltenlauf sich selbst ergründe.

Am Jetzt liegt alles; daß uns Feuer zünde
Von oben her und den Gewalten wehrt,
Und tief in uns des Dämons Macht verzehrt,
Und sich der Wahrheit treu das Herz verbünde.

Klagt nicht die Väter an! Erwartet nicht
Das Heil vom Tage, der uns nimmer tagt!
Von jedem Herzen wird die Welt bewegt.

Es wird sie wandeln, wenn es das Gericht
Sich selbst bereitet und das Zeichen fragt
Der dunklen Zeit, die Gott ihm auferlegt.

(R. Schneider, aus: „Die letzten Tage!")

Glaube und Politik

Karls-Amt im Kaiser-Dom! Seltsam genug, die Wortver-
bindungen. Anlaß und Ort unseres Zusammenseins nennen zwei sehr unterschiedliche Bereiche in einem
Atemzuge: Glaube und Politik! Da halten wir den Atem
an. Kann man das so machen? Wir haben doch zu trennen gelernt, oder? Begehen wir hier feierlich einen Ana-
chronismus?

Eine Tradition voller Fragen

Auf dem Textblatt für diesen Gottesdienst steht eine Fe-
derzeichnung, 500 Jahre alt. Karl der Große ist mit der
Kaiserkrone deutlich zu erkennen: Links trägt er das
Schwert, rechts den Dom. Politik und Glaube, für das
Mittelalter gehören beide eng zusammen. Der mittelal-
terliche Kaiser ist immer zugleich auch „priesterlich",
der Papst und die Bischöfe sind immer zugleich auch
„politisch". Der Kaiser ist freilich sozusagen nur ein
kleiner Priester (er nimmt den Rang eines Diakons ein);
und der Papst wie der Bischof sind entsprechend nur
kleine Könige (die Bischöfe erhalten in der Regel den
Rang eines Fürsten oder Grafen). Ob politische oder
geistliche Autoritäten – beide haben etwas vom anderen.

Ist das so richtig gewesen? Wir haben heute unsere
Fragen. Und nicht erst wir heute! Die bischöflichen
Herrschaften sind durch die Jahrhunderte der Kirchengeschichte immer wieder in Frage gestellt worden. Trotzdem blieben sie bestehen, bis die Säkularisierung sie
beseitigte. Am Ende einer leidvollen und oft leidigen
Geschichte steht die Einsicht: Es ist gut, daß die Kirche
von politischer Herrschaft frei ist. Kirche kann und darf
nicht Machthaber sein, sie soll Gewissen sein.

Die notwendige Unterscheidung

Zwischen Glaube und Politik ist zu unterscheiden, um des Glaubens und um der Politik willen.

Um des Glaubens willen: Das Christentum ist mehr als eine Sozialvision. Das Heil, von dem es spricht, erschöpft sich nicht in sozialem Fortschritt und in Verbesserungen der Lebensqualität. Seine Hoffnungen gehen über das politisch Machbare hinaus. Wer in politischen Ordnungen und Aktionen das Heil sucht, verfälscht den Glauben. Gott bewahre uns vor jenem abenteuerlichen Moralismus, der die Sache Gottes selbst ins Werk setzen möchte.

Das Heil ist nicht zu machen; wir dürfen es empfangen – wie ein Geschenk des Himmels. Diese Wahrheit des Glaubens, die in Gott selbst begründet ist, läßt sich in kein politisches System einfangen und darf keinem politischen Interesse untergeordnet werden.

Eine klare Unterscheidung zwischen Glaube und Politik ist nicht nur für den Glauben lebensnotwendig, sondern auch für die Politik. Sie entartet, wenn sie sich mit einem religiösen Nimbus umgibt. Sobald sie sich absolut setzt und als Heilslehre versteht, verfällt sie dem Gotteskomplex. Sie beansprucht das Ganze (totum) und wird totalitär. Sie verspricht paradiesische Zustände und landet in der Hölle des Totalitarismus. Daß Aufklärung und Fortschritt vor solchen Entwicklungen nicht bewahren, lehrt die Erfahrung. Die politischen Ideologien der Neuzeit sind erklärtermaßen gegen die Religion angetreten und haben doch selbst sehr schnell quasireligiöse Züge angenommen. Eine Zeit, in der der Glaube zurückgeht, ist um so anfälliger für alte und neue Ideologien.

Politische Herrschaft und Glaube sind zweierlei –

wie Staat und Kirche. Beide sind gut beraten, wenn sie die Eigenständigkeit nicht nur jeweils für sich selbst in Anspruch nehmen, sondern sie auch dem anderen einräumen. Schon die Tendenz ist schädlich, daß einer den anderen vereinnahmen möchte. Die Kirche darf nicht Staat werden wollen, und der Staat nicht Kirche. Weder die Staatskirche noch der Kirchenstaat sind erstrebenswert, wie die Geschichte lehrt. Und der politische Messianismus hat für Politik und Glaube gleichermaßen verheerende Folgen.

Verantwortliches Gespräch

Ist damit alles gesagt? Es ist nicht damit getan, Glaube und Politik schiedlich friedlich voneinander zu trennen und sie sich selbst zu überlassen. Sind sie in ihrer je eigenen Zuständigkeit und Verantwortung klar voneinander abgehoben, dann können sie um so eigenständiger miteinander ins Gespräch kommen und hören, was der andere zu sagen hat.

Die Kirche hat gelernt und im Zweiten Vatikanischen Konzil gelehrt, daß die Eigenständigkeit der Sachbereiche zu beachten ist. Die Politik hat ihre eigenen Gesetzmäßigkeiten. Die haben ihr Gewicht. Sie werden durch den Glauben nicht einfach übersprungen oder außer Kraft gesetzt.

Die Sachlichkeit ist ein hohes Gut, aber sie ist nicht alles. Sie reicht nicht aus, wo es um den Menschen geht, wo der Mensch handelt. Er ist eben keine bloße Sache, sondern Person. Ihn zeichnet das Ethos aus, die Verantwortung vor Gott und dem anderen Menschen. Eine Sachlichkeit, die ohne das Ethos auszukommen meint, verkennt die Wirklichkeit des Menschen und wird darum unsachlich. Das gilt für die verschiedenen Sachbereiche, auch und nicht zuletzt für die Rechtsordnung. Ohne Ethos hat sie keinen Bestand.

Es käme alles darauf an, daß ein Höchstmaß von politischem Sachverstand sich mit einem Höchstmaß ethischer Verantwortung verbindet. Sonst landet unsere Gesellschaft schließlich in einer Geschichte, die die Weisheit Indiens so beschreibt: Ein Reiter, hoch zu Roß, jagt im Galopp über die Landstraße. Da ist ein alter Bauer auf dem Feld bei seiner Arbeit. Er richtet sich auf und ruft: „He, Reiter, wohin?" Er wendet seinen Kopf über die Schulter und schreit zurück: „Frag nicht mich, frag das Pferd." – Ein gespenstisches Bild: Der Reiter in rasendem Tempo, ohne Ziel. Wir sitzen ja heute nicht nur auf einer Pferdestärke. Mit hundert und mehr PS jagen wir über die Straßen oder durch die Luft. Wohin? „Frag nicht mich, frag die PS!"? Sind sie die Antwort? Ist die Kraft, auf der wir uns treiben lassen, ist der sogenannte Fortschritt selbst das Ziel? Das Wachstum? Oder einfach die Entwicklung? Schließlich landen wir in einer Gesellschaft, in der alles reibungslos funktioniert – bei beliebiger Zielsetzung. Dann wird schließlich alles gleich-gültig, egal.

Um der Menschen willen

Bisweilen wird der Kirche der Rat erteilt, sie solle sich um die „letzten Dinge" kümmern und nicht um die „vorletzten". Läßt sich das so einfach trennen? Im Vorletzten ist Letztes buchstäblich mit angesprochen. Ich nenne nur einige Stichwörter: Welternährung, Umwelt, Friede, Schutz des Lebens ... Da steht Letztes auf dem Spiel. Und die Kirche darf und wird nicht müde werden zu betonen, daß es gerade auch in den „ersten Dingen", in der Frage nach dem Leben, um letzte Fragen geht. Sie tut das, weil sie davon überzeugt ist, daß die befruchtete Eizelle nicht nur eine Sache ist, ein „himbeerähnliches Gebilde", sondern ein Mensch.

Karls-Amt im Kaiser-Dom: Politik und Glaube. Wir werden beide nicht in einem Atemzuge nennen. Wir werden klar unterscheiden. Aber wir werden sehen: daß beide aufeinander verwiesen sind und den Kontakt und das Gespräch suchen sollten, ohne Berührungsängste, zum Wohl der Menschen.

Was die Stunde geschlagen hat ...

Etwa um die Zeit, als der Dom hier gebaut wurde, kamen die Menschen auf eine neue Idee: Sie wollten genau wissen, wie spät es ist. Bis dahin hatten sie sich mit Sonnenuhren, mit Wasseruhren und Sanduhren zufriedengegeben. Jetzt wurden sie neugierig, was die Stunde geschlagen hat. 1309 wird in Mailand die erste mechanische Uhr montiert. Bald darauf hat jede Stadt ihren öffentlichen Zeitmesser am Kirchturm. Eine neue Zeit kündigt sich an, die „Neuzeit".

Eine Uhr haben

Die Uhr hat das Leben verändert. Der Mensch lernt, die Zeit genau einzuteilen und vorauszuberechnen, zu planen. Wir können heute ohne Uhr nicht mehr leben. Die Entwicklung unserer modernen Gesellschaft, die Entwicklung der Wirtschaft ist ohne Uhr nicht zu denken. Die Meßinstrumente sind immer perfekter geworden (erschütterungsfrei und annähernd absolut genau:

Quarz- und Digitaluhren), die Kalender immer wichtiger. Zeit ist Geld.

Jeder Gewinn kostet seinen Preis. Es ist wie mit der eigenen Uhr: Wenn man zur Erstkommunion die erste Uhr bekommt, ist man stolz: Ich habe eine eigene Uhr! Später merkt man auf einmal mit Schrecken: Die Uhr hat mich! – Unser Leben ist dem Schlag der Uhren unterworfen. Es ist ein Stückweit aus dem organischen Wechsel der Tages- und Jahreszeiten herausgenommen und in ein immer gleiches, mechanisches Zeitsystem eingespannt. Das hat Folgen. Die Mechanik der Uhr färbt ab.

Leben nach der Uhr?

1. Wir leben nach der Uhr. Unser Leben ist an die Uhr gebunden und nicht selten von ihr beherrscht. „Dem Glücklichen schlägt keine Stunde ...", sagen wir. Uns schlagen nicht selten die Minuten. Das Leben kann dabei seine Unmittelbarkeit verlieren. Es wird zum Programm. Und schließlich ist die Freizeit genauso vorprogrammiert wie die Arbeitszeit: Wir schalten das Programm ein, es läuft ab, genau nach der Uhr und wie ein Uhrwerk.

2. Wir leben nach der Uhr. Sie kann uns weismachen, es gehe mit der Zeit immer so weiter, der Zeitvorrat sei unbegrenzt. Dieses Bewußtsein hat die Neuzeit geprägt: die Zeit ein gleichbleibendes Kontinuum! Eng damit verbunden ist die Vorstellung, daß es mit dem Fortschritt immer so weitergeht, und mit dem Wachstum. – Aber wir machen doch ganz andere Erfahrungen, jetzt zum Beispiel, in diesen Stunden. Ein Jahr geht zu Ende. Jeder von uns hat heute ein Jahr mehr hinter sich, auf dem Buckel und ein Jahr weniger vor sich. Unsere Zeit

ist befristet. Und nicht nur unsere persönliche Lebenszeit. Die Zeit überhaupt hat Grenzen, wird ein Ende haben. Wie gehen wir mit diesen Erfahrungen um?

3. Zeit ist Geld, sagen wir. Mehr nicht? Macht das Geld (der Verdienst) den Wert der Zeit aus? Lebt die Zeit vom Geld? Und wenn kein Geld zu verdienen ist? Kann man sie dann nur noch totschlagen oder vertreiben? Die Zeit, in der es zu verdienen gibt, nimmt immer mehr ab. Wird es uns gelingen, der Zeit Sinn zu geben, auch wenn sie kein Geld einbringt? Mehr denn je kommt es darauf an, daß wir nicht nur lernen und lehren, wie man zu Geld kommt, sondern wie man zu Sinn kommt. Wie kann die Zeit erfüllte Zeit werden?

Zeit haben

Was ist nur passiert in unserem Umgang mit der Zeit? Eigentlich müßten wir doch viel mehr Zeit haben als frühere Generationen: Die Lebenszeit ist verlängert, die Arbeitszeit verkürzt. Und doch heißt's auf Schritt und Tritt: „Keine Zeit!" Es gibt kaum ein Wort, das von den verschiedensten Leuten so gleichlautend gebraucht wird. Wir haben keine Zeit. Die Zeit hat uns.

Könnte es sein, daß wir so leben, wie wir Auto fahren: Die Augen voraus auf die Straße gerichtet, ein flüchtiger Blick in den Rückspiegel, so rasen wir nach vorn. Was um uns herum ist, nehmen wir kaum noch wahr. Wir sind immer schon beim Nächsten und Übernächsten: Wenn ich meine Position erreicht habe, dann ... Wenn das Haus fertig ist, dann ... Wenn die Kinder erst einmal aus dem Gröbsten heraus sind, dann ...

Wer kommt schon noch ohne Terminkalender aus? Wochen im voraus stellen wir unsere Zeit mit Terminen zu, verkaufen unsere Zukunft. Die Bedeutung eines

Menschen wächst in dem Maß, wie er „ausgebucht" ist (eine verräterische Wertvorstellung!). Wir gewöhnen uns an, Termine wahrzunehmen, und außer den Terminen nehmen wir schließlich nichts mehr wahr: Nicht die traurigen Augen eines Mitarbeiters, das Zögern in seiner Stimme, das uns sagen könnte, daß das Wichtigste noch gar nicht ausgesprochen ist. Nirgendwo sind wir richtig da, immer auf dem Sprung zum nächsten Termin: zack-zack, dalli-dalli. – Die Zeit läuft weg, sagen wir. Läuft die Zeit weg? Oder laufen wir der Zeit weg, dem Augenblick, der uns jetzt zu leben geschenkt ist?

„Niemals halten wir uns an die Gegenwart", sagt Pascal. „Wir nehmen die Zukunft vorweg, als käme sie zu langsam ... Torheit, in den Zeiten umherzuirren, die nicht unsere sind, und die einzige zu vergessen, die uns gehört." „Jetzt ist immer die beste Stunde" (P. Claudel).

Ein Mönch wurde gefragt, wie er bei seinen vielen Beschäftigungen doch so gesammelt sein könne. Seine Antwort: „Wenn ich stehe, dann stehe ich. Wenn ich gehe, dann gehe ich. Wenn ich sitze, dann sitze ich. Wenn ich spreche, dann spreche ich ..."

Das tun wir doch auch, fielen ihm die Fragesteller ins Wort. „Nein", sagte der Mönch, „wenn ihr sitzt, dann steht ihr schon. Wenn ihr steht, dann lauft ihr schon. Wenn ihr lauft, dann seid ihr schon am Ziel ..."

Zeit schenken

Kann man die Haltung des Mönchs lernen, eintrainieren? Vielleicht ein Stück weit. Im letzten hat sie etwas mit dem Glauben zu tun. Die Zeit hat etwas mit dem Glauben zu tun, weil Gott etwas mit der Zeit zu tun hat.

Gott hat Zeit. Er hat sich Zeit gelassen, er hat sich in die Zeit eingelassen. In Jesus Christus ist er unser Zeit-

Genosse geworden. Mit ihm ist die Zeit erfüllt. Sie hat ihre Mitte gefunden. Daran können wir uns halten. Wir brauchen nicht die Flucht nach vorn anzutreten; wir brauchen nicht vor der Gegenwart davonzulaufen. Er ist unser Zeitgenosse, auch jetzt in dieser unserer Zeit, die seine Zeit ist. „Der Herr wird denen entgegenkommen, die verstehen, in den Tag zu leben", sagt Papst Johannes XXIII., „die ihre Pflicht tun in Ruhe und Geduld, ohne sich den Kopf heißzumachen wegen der Dinge, die morgen oder in Zukunft geschehen könnten."

Es gibt ein Wort des Propheten Jesaja, das Martin Buber so übersetzt hat: „Wer vertraut, wird nichts beschleunigen wollen" (Jes 28,16). Er kann sich und anderen Zeit lassen (wie Gott uns Zeit läßt). Er ist von dem Druck befreit, selber den Himmel auf Erden schaffen zu müssen. Er weiß, daß Gott in seinem Lebensvorrat noch mehr zu bieten hat als die kurze Spanne Lebenszeit. Darum muß er nicht in Hektik geraten, ja nichts zu verpassen. Darum muß er nicht die Flucht nach vorn antreten. Er kann sich gelassen der Gegenwart zuwenden.

Jesus hat nur kurze Zeit unter uns gelebt. Aber er hat diese Zeit gelebt wie jemand, der genug davon hat. Er hat sie unbesorgt verschenkt, so freigebig, daß er nun schon über Jahrhunderte Zeitgenosse unzählig vieler Menschen geworden ist und sein wird.

Das beste, was wir mit der Zeit machen können? Wir können sie verschenken. Wir können anderen Zeit schenken: den alten Menschen, den Kindern. Zeit ist Geld? Zeit ist unbezahlbar! Zeit ist mehr Gabe als Geld, wir können sie zur Gabe machen. Sie kann eines der kostbarsten Geschenke werden. Denn mit der Zeit geben wir nicht etwas, sondern uns selbst.

Wo Zeit zu finden ist

An einem Kirchenportal fand ich die Inschrift: „Hier stößt Eile auf Zeit." Vielleicht kann man das in diesem Dom spüren, daß hier nicht nur Zeitgeschichte zu finden ist, sondern auch Zeit. Gott hat Zeit für mich, und indem ich mir Zeit lasse für ihn, lerne ich, daß die Zeit einen Ursprung hat, eine Mitte und ein Ziel. Wer Gott als den Herrn der Zeit bekennt, der ist nicht mehr ein Sklave der Zeit. Die Jahre vergehen. Gott ist im Kommen.

Nachweise

(Einige der aufgeführten Predigten sind bereits in der Kirchenzeitung für das Bistum Limburg „Der Sonntag" unmittelbar nach dem jeweiligen Anlaß abgedruckt worden. Im Folgenden werden jeweils nur Zeitpunkt und Ort der Predigt genannt.)

I. Gott kommt zur Welt

1. „Macht's wie Gott: Werdet Mensch!": Weihnachten 1982 im Limburger Dom
2. „Auf, preiset die Tage ...": Weihnachten 1983 im Limburger Dom
3. Aus Gott geboren: Weihnachten 1984 im Limburger Dom
4. Krippe und Dom: Weihnachten 1985 im Limburger Dom, zugleich übertragen von der ARD

II. Auf Tod und Leben

1. Ostern ist der Testfall unseres Glaubens: Ostern 1983 im Limburger Dom
2. Duell zwischen Tod und Leben: Ostern 1984 im Limburger Dom
3. Ein Stein kam ins Rollen ...: Ostern 1985 im Limburger Dom
4. Das Fest der Befreiung: Ostern 1986 im Limburger Dom

III. Der Geist spendet Leben

1. Ein Geschenk des Himmels: Pfingsten 1983 im Limburger Dom
2. Der Heilige Geist als Lebensspender: Pfingsten 1984 im Limburger Dom
3. Sind wir eigentlich noch bei Trost?: Pfingsten 1985 im Limburger Dom
4. Strahlen: Pfingsten 1986 im Limburger Dom

Franz Kamphaus im Verlag Herder

Was dir zum Frieden dient

„Kamphaus zeigt sehr deutlich, daß die christliche Botschaft vom Frieden quer und unbequem zu allem verläuft, was politisch und gesellschaftlich logisch erscheint" (Rheinischer Merkur/Christ und Welt).
„Ein sehr religiöses und zugleich eminent politisches Buch. Sehr empfehlenswert" (Die Welt).
„Auf dem Weg biblischer Meditation gelingt es Bischof Kamphaus, gesellschaftliche Einsichten aufscheinen zu lassen, die – in den politischen Alltag übersetzt – viel Zündstoff enthalten" (Frankfurter Hefte).

3. Auflage. 128 Seiten, Paperback. ISBN 3-451-19972-6

Zusammen mit Johannes Bours:

Leidenschaft für Gott

Ehelosigkeit – Armut – Gehorsam

„Zwei in der Priesterausbildung hervorragende Persönlichkeiten haben in diesem Buch ihre eigene Leidenschaft für Gott als Antwort auf die leidenschaftliche Liebe des biblischen Gottes bezeugt. Es ist das Verdienst der Autoren, daß sie glaubwürdig aufzeigen, wie in dem notwendigen Ineinander von Inkarnations- und Kreuzestheologie die Evangelischen Räte im Namen des Kreuzes in der den Menschen tragenden Trias von Besitz, Macht und Sexualität die Wunde offenhalten, damit diese Urtriebe sich nicht anmaßen, des Menschen Grundbedürfnisse nach Heimat, Freiheit und Zuwendung in dieser Welt zufriedenstellen zu können" (Theologisch-praktische Quartalsschrift, Linz).

5. Auflage. 192 Seiten, Paperback. ISBN 3-451-19435-X